Achy Huen

ARTE & DISEÑO

I

MANIFESTACIONES ARTÍSTICAS DE LOS PUEBLOS INDÍGENAS DE AMÉRICA

Editorial Brujas

Accornero, Mariana
    Manifestaciones artísticas en los pueblos indígenas de América -
1a ed. - Córdoba : Brujas.
94 p. ; 21x14 cm. (Achy Huen; 1)

    1. Arte Indígena Americano. I. Título
CDD 709.011

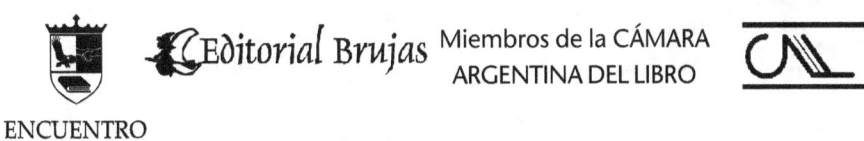

ENCUENTRO
Grupo Editor

www.editorialbrujas.com.ar   editorialbrujas@arnet.com.ar
Tel/fax: (0351) 4606044 / 4609261- Pasaje España 1485 Córdoba - Argentina.

Editorial Brujas

Programa

Achy Huen

ARTE Y DISEÑO
DESDE LAS FUENTES
PREHISPANICAS
A LA CONFORMACION DE LA
IDENTIDAD POPULAR

AGRADECIMIENTOS Y DEDICATORIA

Dedico este libro a mis hermanos de todas las etnias que habitan nuestro continente, especialmente de nuestro territorio argentino, pacientes custodios de miles de años de conocimiento guardado en sus producciones artístico-artesanales.

Agradezco a todos aquellos que apoyaron y colaboraron con este Programa y todas las actividades realizadas desde el año 2001: a mis Hermanos Indígenas, a los integrantes del Grupo Achy Huen , a la Lic. Mirta Bonnin, Directora del Museo de Antropología, a la Secretaría de Extensión de la Facultad de Filosofía y Humanidades, a la Escuela de Artes Aplicadas Lino E. Spilimbergo y a todos los artistas y artesanos que de manera incondicional han participado compartiendo sus experiencias y conocimientos tanto en seminarios como talleres.

PROLOGO

El Diseño ha sido desde siempre la manifestación más fiel del sentir de una cultura, expresando y comunicando ideas, pensamientos, acciones, conocimientos y creencias.

Retomar la labor de muchos pensadores y artistas que desde principios del siglo XX lucharon por desarrollar un arte propio, autóctono de América, como Ricardo Rojas escribía en 1930, en su proyecto para la primera escuela de Arte Indígena a crearse en la Universidad de Tucumán: **"En lugar de una vaga Escuela de Bellas Artes, convendría fundar un Instituto de Artes Decorativas inspirado en el estilizamiento de modelos regionales y en las imágenes de la arqueología indígena, pero adaptando todo ello, a las necesidades de la industria y la vida modernas."**

El rescate de los diseños de las Culturas Indígenas de nuestro continente americano, nos acercaría a una reivindicación histórica en el marco de la reflexión y la valoración de sus producciones que, como manifestaciones artísticas, han trascendido el tiempo y el espacio y conforman un riquísimo patrimonio cultural de nuestra América.

Incorporar nuestros modos de expresión auténticos en la Educación, significa conformar una nueva identidad cultural para el futuro, valorando nuestro patrimonio artístico como fuente de conocimiento, ya que como decía Torres García: **"Ninguna cultura debe repetirse, pero si continuarse"**

INTRODUCCION:

Marco teórico:

El Arte Indígena, rescatado pacientemente por investigadores arqueólogos, antropólogos, etnólogos, en un esfuerzo por reconstruir los patrones culturales e históricos de valiosas culturas desaparecidas después de la Conquista, se convierte en el único documento tangible y posible de dilucidación de estos tiempos prehispánicos. En este aspecto, el diseño , es uno de los elementos más peciados de las manifestaciones artísticas de nuestras culturas originarias, como códigos de comunicación, ciencia, religión, identidad y cultura. Es sólo a través de él, como podemos sumergirnos en el sentir de este continente, libre de modelos ajenos traídos por la conquista.

Ya a principios del siglo XX, una corriente artística importante forjaba un arte propio, inspirado en el diseño de las culturas americanas, concientes del valor cultural que representaban. Admiradores de Ricardo Rojas, el impulsor de estas ideas, seguidores del Catalán Anglada, quien forjó a jóvenes artistas de América del sur, en su taller de París, en la recuperación de su identidad artístico cultural, y los envió de regreso a sus respectivos países a ser semillas de este Movimiento, tanto en lo educativo, como en las manifestaciones textiles, cerámica, ebanistería, pintura, escultura, diseño y arquitectura, produciendo una adaptación de las corrientes imperantes a este concepto, como el impresionismo, el constructivismo, el arte geométrico, el simbolismo. Así podemos nombrar a Torres García, Leguizamón, B. Quirós, Fader, A. Puente, M. Malharro, C. Onelli, Xul Solár, A. Guido, Rubén Darío, entre tantos otros, protagonistas de esta corriente, que intentaba atravesar las barreras del arte y llegar a lo decorativo, utilitario e industrial.

Lamentablemente, la Segunda Guerra Mundial, impidió el afianzamiento de estas ideas , aunque algunos artistas decidieron continuarlas en sus creaciones personales.

Hoy, se percibe una demanda socio-cultural de verdades históricas, rescate de nuestra identidad y recuperación de diseños autóctonos, tanto desde artistas consagrados como estudiantes, desde la educación y la comunidad en general. Es necesario revisar los aspectos curriculares de nuestra educación artística, para atender a estas demandas, y mientras tanto, crear espacios complementarios de capacitación en las escuelas de artes, para orientar a los docentes en este sentido.

"Esta América nuestra debe descubrirse a si misma, bajando hasta las entrañas de su tierra y de su prehistoria atlante, para remontar desde ellas hasta la humanidad de porvenir, cuando haya encontrado en estas sucesivas fases de su propia evolución, la clave de su ser en los valores eternos del hombre que ella también encierra, y que sin dejar de ser sudamericanas, serían también universales."

Ricardo Rojas
(Prólogo: "El Corazón de Asia" de Nicolás Roerich)

"Si la América nuestra ha de tener un arte propio, éste deberá reanudar el proceso, allá donde lo dejó el indio, como lo hicieron algunos de nuestros pintores: Gramajo Gutiérrez, Franco, Guido, cada uno con su sentimiento personal, pero con un gran sentido de la tradición precolombina, en sus obras."

Ricardo Rojas en Eurindia

MODULO I:

MANIFESTACIONES ARTISTICAS EN LOS PUEBLOS INDIGENAS DE AMERICA

Cosmovisión

Carlos Lenkersdorf

Cosmovisión quiere decir ver el mundo y se refiere a una manera determinada de percibir el mundo o la realidad.

Al hablar de cosmovisión de los pueblos indígenas, debemos hacer hincapié en la pluralidad de las cosmovisiones, para adentrarnos en un modo de pensamiento diferente a nuestra estructura occidental, de orden conceptual o racional, con una lectura lineal de los acontecimientos.

Los pueblos originarios de América, conciben el mundo como una totalidad o universo armónico, donde todo se relaciona con todo en un espacio-tiempo cíclico, en el que el hombre es sólo un integrante más Desde esta perspectiva natural, percibe su medio y elabora sus propias definiciones o ideas, estructurando su sociedad como una comunidad o ayllu, con códigos propios de cada unidad poblacional, conformando una identidad definida a través de su relación con el medio circundante, la cual se traduce en su vestimenta y en la iconografía que ornamenta sus objetos de uso cotidiano o festivo.

La diferenciación de carácter ecológico, da la pauta para una diferenciación en la percepción de sub-identidades al interior de ayllu. Estas identidades se exteriorizan en la producción textil, con técnicas, diseños y motivos, colorido y formas de uso diferentes.

FIG I

Mariana Accornero

REGIONES ARGENTINAS Y PUEBLOS INDIGENAS

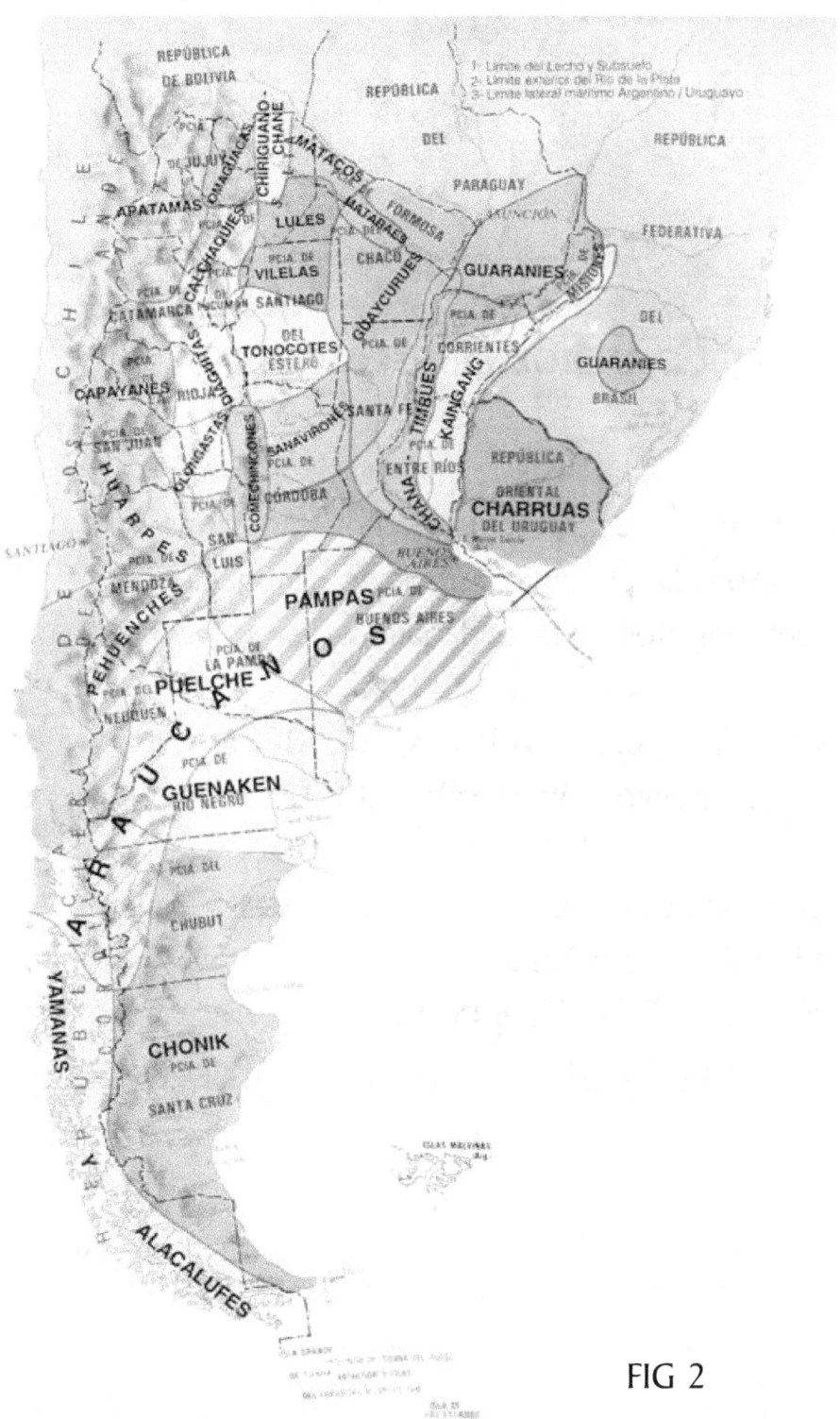

FIG 2

17

Culturas Indigenas Argentinas

En lo que respecta al actual territorio argentino, las fechas mencionadas por las investigaciones arqueológicas para su poblamiento corresponderían:

Sur de Chile y Patagonia (Los Toldos): 10.600 años aC.
Noroeste (Ampajango, Catamarca): 12.000 años aC.
Tierra del Fuego : 6.000 años aC.
Sierras Centrales de Córdoba y San Luis(Cultura Ayampintín, cueva Intihuasi): 9.000 años aC.
Puna Argentina (El Saladillo): 4.000 años aC.
Misiones y zonas próximas: entre 8.000 y 10.000 años aC.

Poblaciones indígenas según las regiones argentinas:
Noroeste:

Ubicación geográfica: San Juan, Tucumán, Salta, Jujuy, Catamarca, la Rioja y parte de Santiago Del Estero.

Características del medio: Cadenas montañosas: Cordillera de los Andes y Valles Calchaquíes. Clima seco , con ríos poco caudalosos . Altas temperaturas en el día y bajas en la noche.

Pueblos que la habitaban: *diaguitas- calchaquíes*: sector central. Valles Calchaquíes.

Diaguitas: sector sureste: Tucumán

Tonocotés, Lules y Vilelas: Santiago del Estero, sur de Salta.

Capayanes: Sur de valles Calchaquíes: Catamarca y La Rioja.

Apatamas: Este, precordillera: San Juan, Catamarca, Jujuy.

Omahuacas, Chiriguanos Chané. Norte: Jujuy, Salta.

Sistemas de producción: economía ligada a la naturaleza, al cultivo de la tierra: Maíz, quinoa, papa, zapallo, poroto, algarroba. Sistema de andenes en laderas de montaña con riego artificial. Complementada con caza y recolección, cría de camélidos: Llama, alpaca, vicuña.

Otras actividades productivas: telar, metalurgia (bronce, cobre, oro,plata) Cerámica.

Organización social: Familias numerosas habitaban una vivienda comunitaria. Ayllú: tribus o Clanes formados por varias familias, con un jefe o curaca.

Sistema de creencias: Gran influencia del Imperio Incaico: culto al sol, a los cerros(apus), a la Pacha mama, rayo y trueno, wankas o ascendientes, al felino, la serpiente.

Región Cuyana y Central:

Ubicación geográfica: San Juan, norte de Mendoza, San Luis, Córdoba, sur de La Rioja y este de Santa Fe.

Características de medio: Cadenas montañosas y valles, atravesados por ríos de distintos caudales.

Pueblos que habitaban: Huarpes: San Juan, Mendoza, San Luis

Olongastas: sur de La Rioja, sureste de San Juan, norte de San Luis y oeste de la provincia de Córdoba.

Comechingones, Ayampintines: sierras cordobesas.

Sanavirones: norte de córdoba, oeste de Santa Fe y sur este de Santiago del Estero.

Sistemas de producción: Cultivo de maíz y quinoa, recolección de algarroba, totora. Pescadores, Cazadores.

Producción de cerámica, cestería, artefactos líticos, textiles.

Abundan pinturas rupestres en sierras centrales y norte cordobés.

Organización social: Comunidades sedentarias, organización tribal de cacicazgo hereditario. Viviendas comunitarias habitadas por familias numerosas.

Sistema de creencias: Culto a Sol y la Luna, el lucero, los cerros.

Región de Chaco y Nordeste:

Ubicación Geográfica: Formosa, Santa Fe, Chaco, este de Salta, este de Santiago del Estero

Características del medio: Surcada por importantes ríos que conectan la región montañosa del NO y desembocan en el Paraná y Paraguay. Su flora es abundante y variada, de carácter selvático, lo mismo que su fauna. Clima cálido y húmedo.

Pueblos que la habitaban: *Guaycurú: Tobas, mocovíes, avipones, pilagás.*

Tupí-Guaraní:Chiriguanos, chané.

Mataco-mataguayo: vejoz, guisnay, chorote, maká, chulupí, milbalá, matará.

Sistemas de producción: caza y recolección(algarroba, mistol, molle, tusca, tunas, ananás, porotos, totora) Pesca, insipiente horticultura: maíz, mandioca.

Textil: fibra de caraguatá y lana de oveja.

Cerámica sencilla. Cestería.

Artículos ornamentales: tocados, atuendos, ornamentos corporales, máscaras.

Organización social: Organización tribal, bajo el mando de un jefe con poder político y religioso, de carácter hereditario, ayudado por un consejo de ancianos.

Familias numerosas en que convivían tres generaciones.

Sistemas de creencias: Rendían culto a espíritus representados en el sacerdote o mago, un Ser Supremo y entidades benignas y malignas.

Región Mesopotámica y del Litoral:

Ubicación geográfica: Misiones, Corrientes, Entre Ríos, este de Santa Fe y Chaco.

Características del medio: Región rodeada por los ríos Uruguay y Paraná, con clima húmedo y caluroso, abundantes lluvias y vegetación, al norte caracteres selváticos.

Poblaciones que habitaban: *Guaraní*: ambas costas del Río Paraná, desde Misiones al Delta.

Guayaná: noroeste de Corrientes.

Chaná: Litoral correntino y entrerriano.

Charrúa: Sur del Río Uruguay y costas del Río de la Plata (Uruguay).

Kaingang: tierras centrales de la Mesopotamia.

Sistemas de producción: Cazadores, recolectores, pescadores. Horticultores (verduras, legumbres, frutales). Desmonte y quema: milpa (hombres). Siembra (mujeres): maíz, mandioca, batata, zapallo, maní, poroto, mate, bixa.

Producción de cerámica, talla en madera, canastos de cortezas, armas de piedra, ornamentos personales de plumas, hueso, calabazas, etc.

Construcción de balsas y canoas.

Organización social: Relaciones familiares extensas, pero vivían pocos en cada vivienda por el sistema de agricultura(no agotar el suelo). Aldeas con varias familias, con un cacique hereditario. Sacerdote o mago(payé), poder de sanación.

Sistemas de creencias: Creencia en un Ser Superior, creador y Gran Padre. Cuatro parejas de dioses: fuego, truenos, neblina, aguas, lluvia y granizo.

Región Pampeana:

Ubicación geográfica: San Luis, Río IV, Río tercero (Córdoba), hasta Sierras de Tandil (Bs. As.)

Características del medio: Planicies con pocos accidentes geográficos, con pastizales y líneas de aguadas, especial para la cría de animales. Zonas semidesérticas, con clima templado y húmedo.

Poblaciones que habitaron: *Pampas:querandíes: taluhet* (norte y este), *diuihet* (sur y oeste) *Puelches*: laderas de los Andes, próximo a Cuyo.
Pehuenches: sur de Mendoza, suroeste de San Luis, noroeste de La Pampa, oeste de Neuquén.

Ranqueles: Sur de San Luis , Córdoba y Santa Fe, este de La Pampa y Oeste de Buenos Aires.

Salineros: Salinas Grandes Buenos Aires y La Pampa

Araucanos o mapuches: llegan a Región Pampeana a partir del siglo XVII, influenciando a los pueblos originales.

Sistemas de producción: Comercio con otros pueblos a través del trueque. Caza, pesca y recolección, pastoreo y agricultura. Trabajos en cuero de venados y guanacos, ornamentos con plumas de ñandú y otras aves. Gran desarrollo textil, cestería. Construcción de canoas con juncos.

Organización social: Pueblos nómades, obligados a movilizarse en busca de alimentos. Toldería: gran familia, con mayor o menor grado de parentesco. Gobernadas por caciques. Cada tribu mantenía su independencia aunque se unían con objetivo común (confederaciones-siglo XIX).Había sacerdotes o machis a cargo de las curaciones y cultos.

Sistemas de creencias: Creían en un alto dios, creador y ordenador del mundo. Cuando se le desobedecía sobrevenían los gualichus o demonios. Hacían sacrificios de animales .

Región Patagónica:

Ubicación geográfica: Río Negro, Chubut, santa Cruz, Tierra del Fuego, Islas Malvinas.

Características del medio: Extensas planicies, mesetas y semidesérticas,con pocas especies vegetales y animales; con clima frío y húmedo en los bosques australes, árido-frío en mesetas y semidesierto. Tiene hidrografía con lagos glaciarios, ríos caudalosos y salinas.

Poblaciones que habitaban: *Puelches Guénaken* o Patagones del norte.

Chónik o Patagones del sur: *Tehuelches y Onas o selk-nam.*

Yámanas y Alacalufes: canoeros magallánicos.

Araucanos o Mapuches: dominio sobre las poblaciones anteriores.

Sistemas de producción: Actividad pastoril, caza, ganadería ligada a conservación y reproducción del animal. En el siglo XVIII se introduce la cultura del caballo, se caza, se cría para transporte y para la guerra.

Productos en cuero y pieles, textiles, cerámica, huesos, plumas de ñandú, piedra, cestería.

En los yámanas y alacalufes se desarrolla la pesca y caza de animales marítimos. Construcción de grandes canoas donde viajaba toda la familia.

Organización social: linajes, parentelas con división territorial constituidas por familias. El jefe o cacique poseía alto nivel de riqueza y estatus social, así como un núcleo reducido de habitantes, éstos tenían ciertos privilegios sociales. Todas las poblaciones de esta región eran nómades, debido a la escasez de alimentos y las dificultades ambientales y climáticas.

Sistemas de creencias: Creían en un ser supremo, creador del mundo. Debajo de este había seres sobrenaturales a quienes se atribuían poderes mágicos, como el Gualichu.

Culturas Dominantes: El Imperio De Los Incas

En la segunda mitad del siglo XV el Imperio incaico había alcanzado su máxima expansión territorial, abarcando las actuales naciones de Ecuador, Perú, Bolivia, noroeste de Argentina y Chile hasta el río Maule, y poblacional con unos ocho millones de personas. Llamaban a su imperio Tahuantisuyu (Las cuatro cuartas partes).

Organización social: La unidad básica de la organización social de los incas era el ayllú, núcleo semejante al clan o tribu. Los integrantes del ayllú debían generar su propio sustento, así como el de la casta sacerdotal y el Inca, éste último como máxima autoridad jerárquica, con poder absoluto de origen divino.

Las tierras se dividían en tres partes: Las Tierras del Sol (templo y sacerdotes), Tierras del Inca (soberano) y Tierras Comunales(pueblo).

Organización política: El Emperador era el Inca, por debajo de él se encontraban los sacerdotes (hermano o tío del inca), en el mismo escalón el jefe militar de los ejércitos. Luego estaban los cuatro Apus, jefes de las cuatro partes del imperio. Luego los administradores del reino, generales, sacerdotes menores, constructores-arquitectos (todos de la familia real).

Siguiendo la pirámide social, se encontraban los artesanos y funcionarios administrativos menores; campesinos, agricultores, pescadores, mineros.

Sistemas de producción: La base de la economía era la práctica de la agricultura, en sistemas de terrazas o andenes en las laderas de las montañas., con irrigación artificial. Cultivo de maíz, papa, quinoa, poroto, batatas, frutales. La ganadería : criaban llamas, alpacas, vicuñas. En la metalurgia conocían oro , plata, cobre, zinc y piedras preciosas.

Desarrollo textil y teñidos.

Grandes constructores de templos, fortalezas, palacios y ciudades, puentes, túneles, carreteras, acueductos.

Sistemas de creencias: Creían en un dios superior o Viracocha- Pachacutec, y adoraban al Sol: Inti, la Luna: Quilla, los astros, el Arcoiris y fuerzas naturales. El Inca era adorado como dios terrenal.

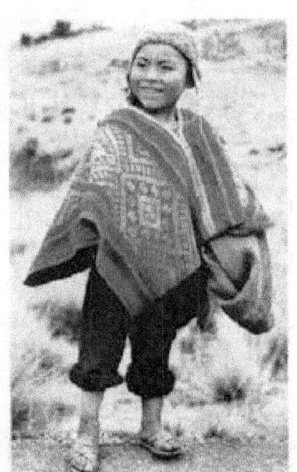

FIG 5

FIG 6

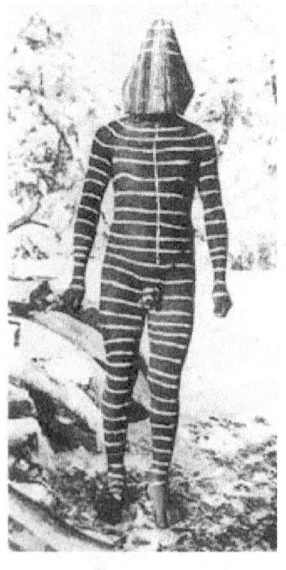

FIG 4

FIG 3

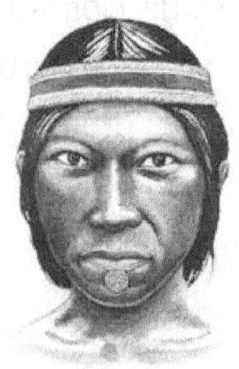

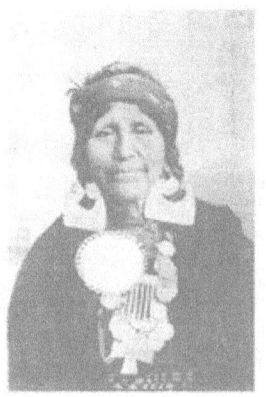

La Evolución Social Humana, Partiendo De Sociedades Igualitarias Como Las *Bandas* Hasta Las Formas *Estatales*.

Desarrollo:

BANDAS ⟶ **Primeras formas de vida:** Bandas de homínidos (Hombre primitivo)

Bandas Cazadores y recolectores.

Basadas en: Componente biológico: como base de evolución y cultural Componente tecnológico de organización humana en relación con aspectos ambientales y económicos.

Producción artesanal

Líticos: armas, raspadores, puntas de lanza, conanas y manos de morteros, torteros, tallas y grabados.

Cerámica: incipiente, sin decoración

Hueso: punzones, retocadores, perforadores.

33

Pinturas rupestres: Pictografías y petroglifos en cuevas y cavernas.

Culturas representadas: Región de las Sierras Centrales y Patagonia

TRIBUS → **Sociedades agroalfareras:** Estructura social en proceso de transformación en función de nuevos recursos   y asentamientos Aldeanos sedentarios.

Producción artesanal:

Cerámica. Tosca, con decoración geométrica incisa. Usos de moldes como cestas de mimbre. Estatuillas humanas pequeñas.

Lítico: puntas de flechas más pequeñas (con cabezales de hueso). Estatuillas

Hueso: agujas, punzones, elementos para textil, espátulas, ornamentos

Corporales: decorados con grabados, relieves, calados.

Textil: cestas o redes. Cestería.

Pinturas rupestres: Escenas, superposición de figuras.

Culturas representadas: Sierras Centrales, Chaco, Patagonia, Litoral.

Mariana Accornero

JEFATURAS O SEÑORIOS → Evolución desde primeras sociedades con indicios de desigualdades o formas de **jerarquías sociales** hasta el surgimiento de **sociedades complejas.**

Jefaturas o señorios: Rango o status social diferenciado, carácter hereditario o de Parentesco.

Base de la economía: Jefe (rol comunitario de distribución justa de bienes)

Producción artesanal: no hay mercados, aparece la especialización temporal.

Lítico: Tallas, lascas perforadores, núcleos, raspadores,

prendedores, percutores, puntas de flechas

Cerámicas: Cuencos o pucos: rojizos, con decoraciones incisas

Geométricas. Molduras en relieve. Urnas funerarias. Uso de

Moldes de cestería.

Ocarinas, pipas. Representaciones humanas y animales (búhos)

Huesos: punzones, espátulas, tubos, quenas.

Culturas representadas: Región de Santiago del Estero: Las Mercedes, Sunchituyuj – Averías (800 aC)

Jefaturas:

PeríodoFormativo: Agricultores. 600aC al 300dC

Culturas: Tafí, Condorhuasi, El Alamito, La Ciénaga

Producción artesanal:

Tafí: menhires de piedra, grabados incisos o en bajorrelieve con figura de felinos, humanos, serpientes. Máscaras de Piedra. Alfarería sencilla poco decorada.

Condorhuasi: Cerámica: policroma, estatuillas zoomorfas, Humanas, Rojiza y gris. Decoradas con figuras geométricas, Adornos y ornamentos corporales.(200 a 300 dC)

La Cienaga: Cerámica gris alisada, decoración geométrica y Felinos. Metalurgia en bronce.

El Alamito: Pucará.(200 al 400 dC).Esculturas en piedra muy

Pulida: Suplicantes. Máscaras Cerámica sencilla, semejante Condorhuasi y ciénaga

Sociedades complejas: cultura Aguada (200 dC)

Ambato: Organización de Poder: División social de trabajo y riqueza.

Período de integración regional:

cambios Sociales. Complejos ceremoniales: plazas, pirámides.

Especialización artesanal: cerámica: Negra, pulida, decoración Incisa blanca.

Complejo felínico: felinos como figura Dominante de poder. Producción masiva y seriada, con caracteres regionales

Santa María: (900 a 1500 dC)Quilmes, Tolombón, Pichao,Fuerte Quemado, Rincón Chico, Mojarras, cerro Mendocino.

Especialización cerámica: tricolor decoración geométrica, humano, Zoomorfas. Abundan urnas funerarias para niños.

Decoración muy compleja. Carácter local.

ESTADOS ANTIGUOS

Sistemas de organización social totalitaria: con líder único, administrador de amplios territorios, expansionistas. Carácter hereditario. Sistemas de economía complejos, con impuestos a sus regiones o Señoríos.

Tiwanaku: 400 a 1000 dC. Gran influencia sobre NOA

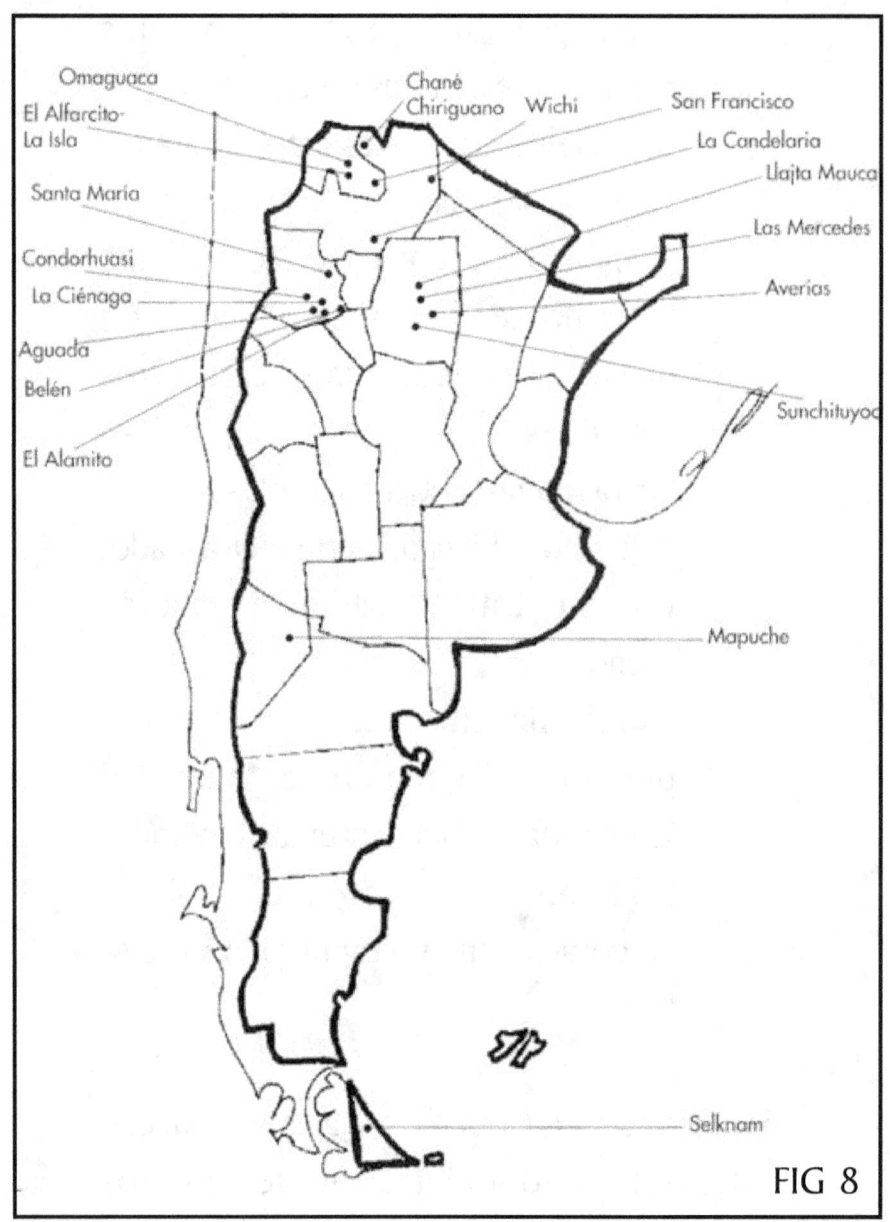

FIG 8

FIG 7

PERÍODO	DATA	CULTURAS	INFLUENCIA	CARACTERÍSTICAS
formativo inferior	500 aC - 400 dC.	Tafí Candelaria	Tucumán Salta Valle de Yocavil	
		Condorhuasi Ciénaga Alamito	Sgo. del Estero Infl. Yocavil y Tucumán Catamarca La Rioja	
formativo superior	400 - 900 dC.	Aguada	V. de Yocavil Sur de Tucumán Catamarca Famatina San Juan	Cultura de mayor desarrollo en el Noroeste Argentino
Desarrollos regionales	900 - 1471	Santamariana o Calchaquí	V. de Tafí V. Calebaquíes V. de Yocavil Quebrada de Humithnaca	Culturas multicomunitarias, basadas en el cacicazgo, con conciencia territorial muy definida. Constituían cerca de 350 asentamientos. Muchos de ellos pueden considerarse proto-ciudades por su incipiente especialización técnica. Hablaban el dialecto cacán
		Belén	Catamarca	
		Sanagasta Angualasto	La Rioja San Juan	
Inca	1471 - 1535			Invasión Inca
Hispano - Indígena	1535 - 1660			Entrada al Tucumán de Fco. de Almagro (1535) y Diego de Rojas (1543 Se genera una cultura mestiza que perdura hasta hoy.

MODOS DE REPRESENTACION INDIGENA ARGENTINO

Pintura Rupestre:

Técnicas   Pintura

          Pictografía

          Petroglifos (Grabados)

          Petroglifos Pintados

Materiales   Pigmentos

          minerales

          vegetales

          animales

        Aglutinantes

          animales (grasa)

          Vegetales (resina, savia)

        Soporte Natural:

          Roca de aleros y cavernas.

        Herramientas

Isopos: fibras cubiertas
de pelo de camélidos.
Cinceles de piedra- mazas
Morteros y manos de piedra
Varillas de madera

Imágenes
representadas

Zoomorfas

(llamas, camélidos, aves,
felinos,Reptiles, batracios,
etc)

Antropomorfas- antropozoomorfas

Fitomorfas (signos ornamentales)

Signos abstractos
(círculos,rombos,
escalonados, Zig zag,
geométricos, etc)

Ornamentales (pectorales,
collares, escudos,
Tocados, dorsales,
vestuarios, etc)

Escenas (caravanas, cacerías,
guerra, ceremonias,
Comunitarias, conquista, etc)

Características
Compositivas:

Espacio

        por posición en el plano

        por superposición

        jerárquico

Ritmo

        continuos

        Secuencias

        Repeticiones

        Asimetría

        Composiciones espontáneas

        Superpuestas, dinámicas.

Color

        Blanco, rojo, negro, ocres,

        Tostados.

Representación

        Síntesis de formas

        simbólicas.

Sitios y Culturas

        Córdoba, San Luis

            (Comechingones,

            Sanavirones)

        Catamarca

            (Aguada,

            Condorhuasi,

            Candelaria)

Jujuy, Salta
(Diaguitas,
Humahuacas)
San Luis
(Comechingones)
Santa Cruz (Tehuelches)-
San Juan (Huarpes)

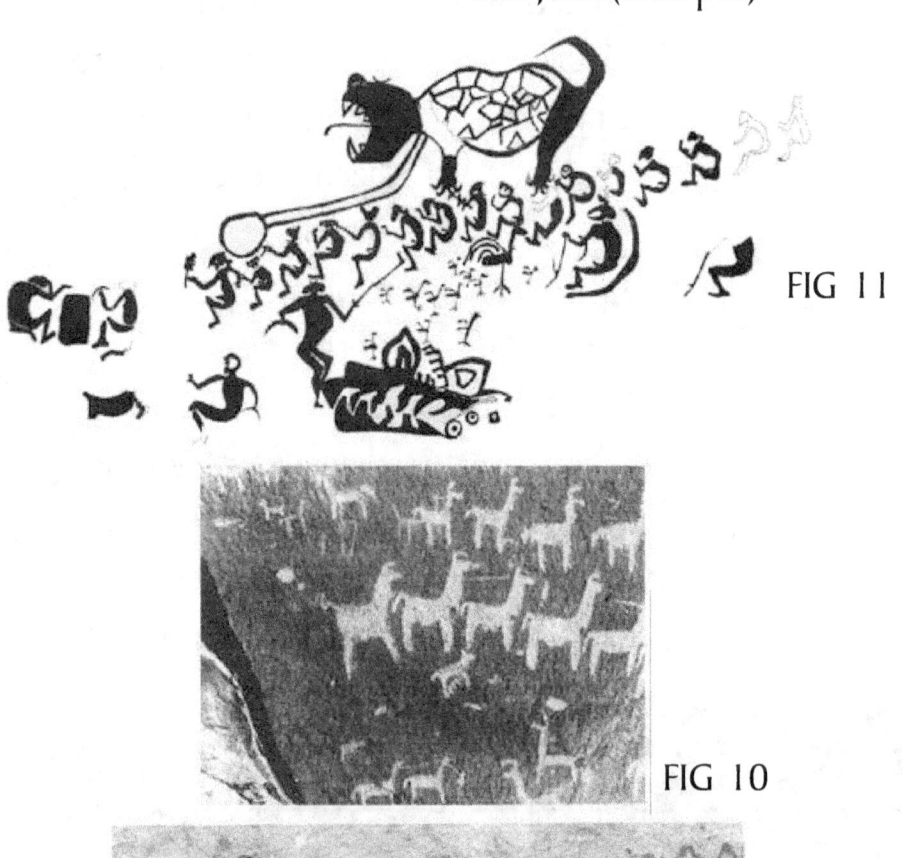

FIG 11

FIG 10

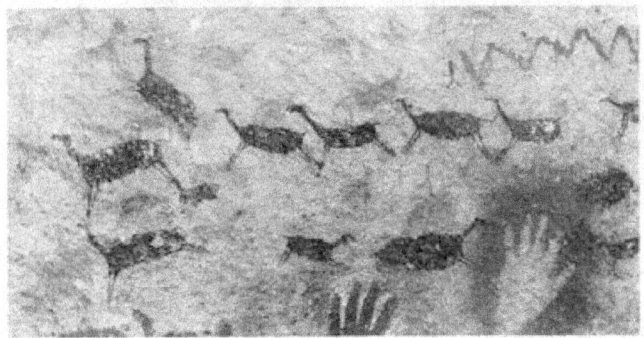

FIG 9

Metalurgia: Origen

Condorhuasi , Tafí.

(300 dc)

Aguada (800 a 100dC)

Santa María (1400 dC)

No hubo fabricación masiva

Procedimiento Cera perdida

Metales   Cobre , bronce, oro.

Objetos   Cetros de mando,

hachas, cuchillos,

discos,

Ornamentos

corporales.

Representaciones Seres sagrados,

deidades, shamanes,

jaguares,

Sacrificadores.

Significados   Símbolos de poder.

Señoríos.

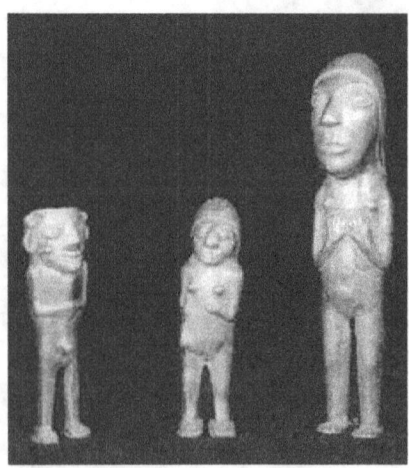

FIG 63

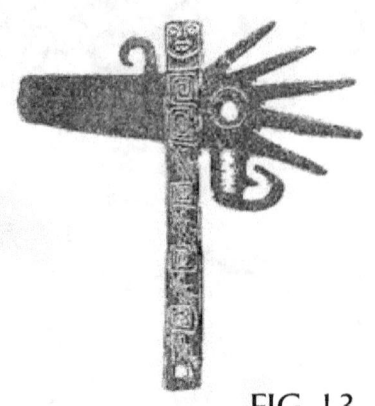

FIG 13

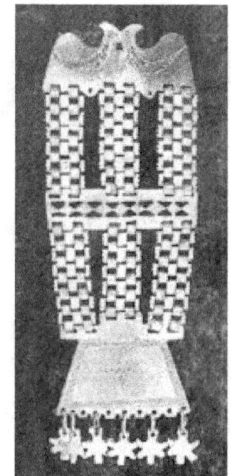

FIG 15

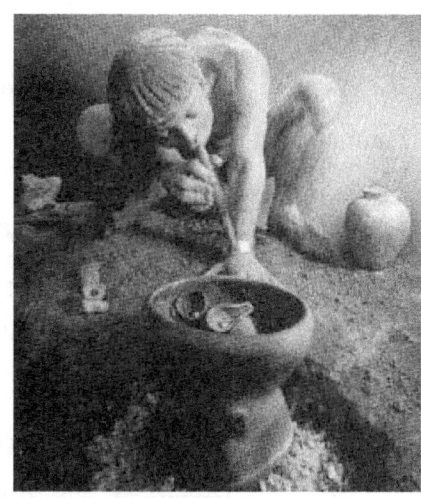

FIG 12

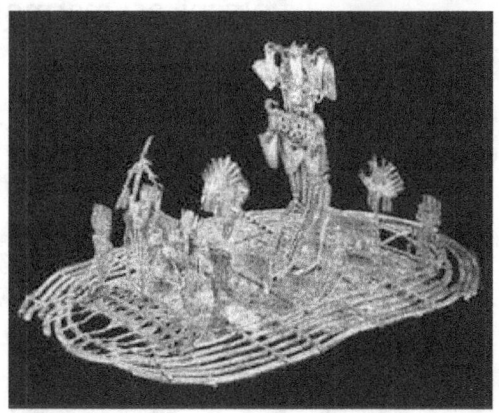

FIG 14

Litico: Objetos   Torteros, hachas.
Collares (malaquita,
turquesa)
Armas, puntas de flecha
Conanas, manos,
morteros.

	Vasos keriformes con tallas en relieve o grabados.
Esculturas	Figuras humanas (Estatuillas)
	Animales
	Menhires
	Suplicantes (Alamito)
Rocas	Granito, esteatita, volcánicas, mármol

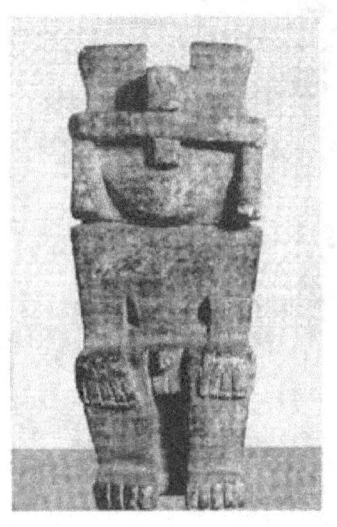

FIG 21

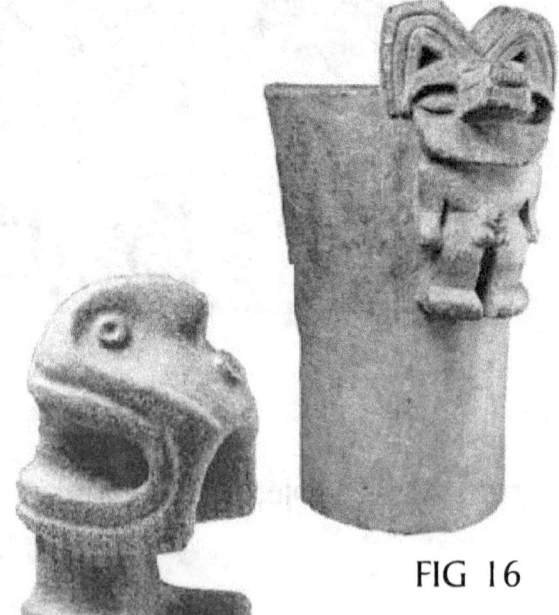

FIG 17

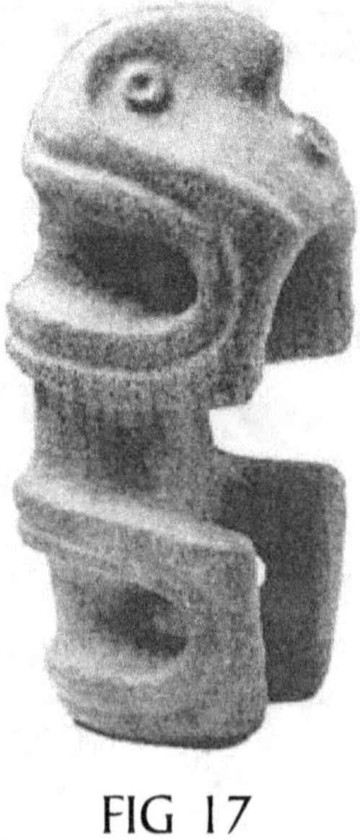

FIG 16

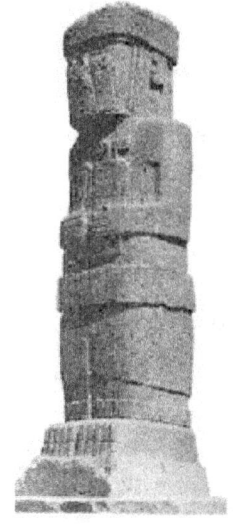

La columna tetraédrica que se levanta en el centro del «lugar donde se amarra el sol» (Intihuatana, Machu Picchu) indica las horas, los solsticios, las estaciones... Este reloj solar se ha encontrado también en otros enclaves incaicos.

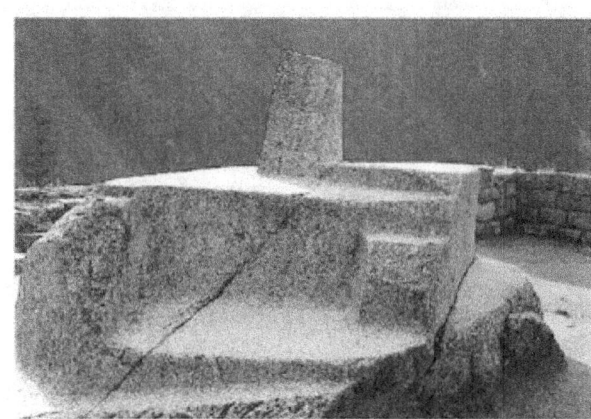

FIG 18

FIG 19

Hueso: Objetos   Para textiles, hilado, torteros.

Técnica   Barreno de arcos (hacer círculos, NOA)

Motivos   Tallados zoomorfos. Felinos.

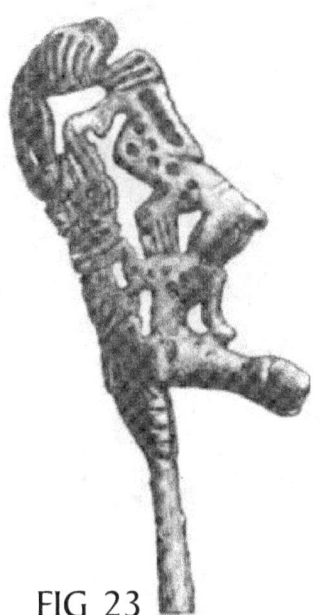

FIG 23

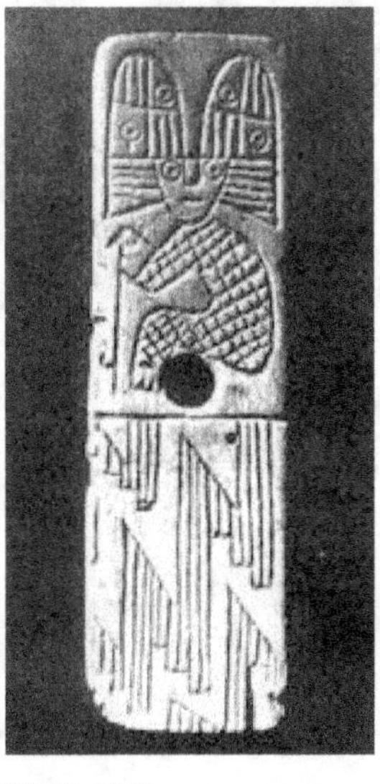

FIG 22

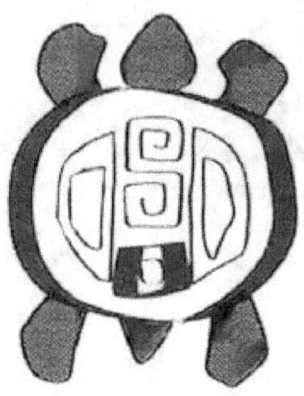

FIG 20

Madera: Objetos   Mangos de hachas
tallados
Vasos keriformes tallados
y pintados.

Motivos   Vestuarios, sacrificios,
felinos, máscaras,
ceremonias.

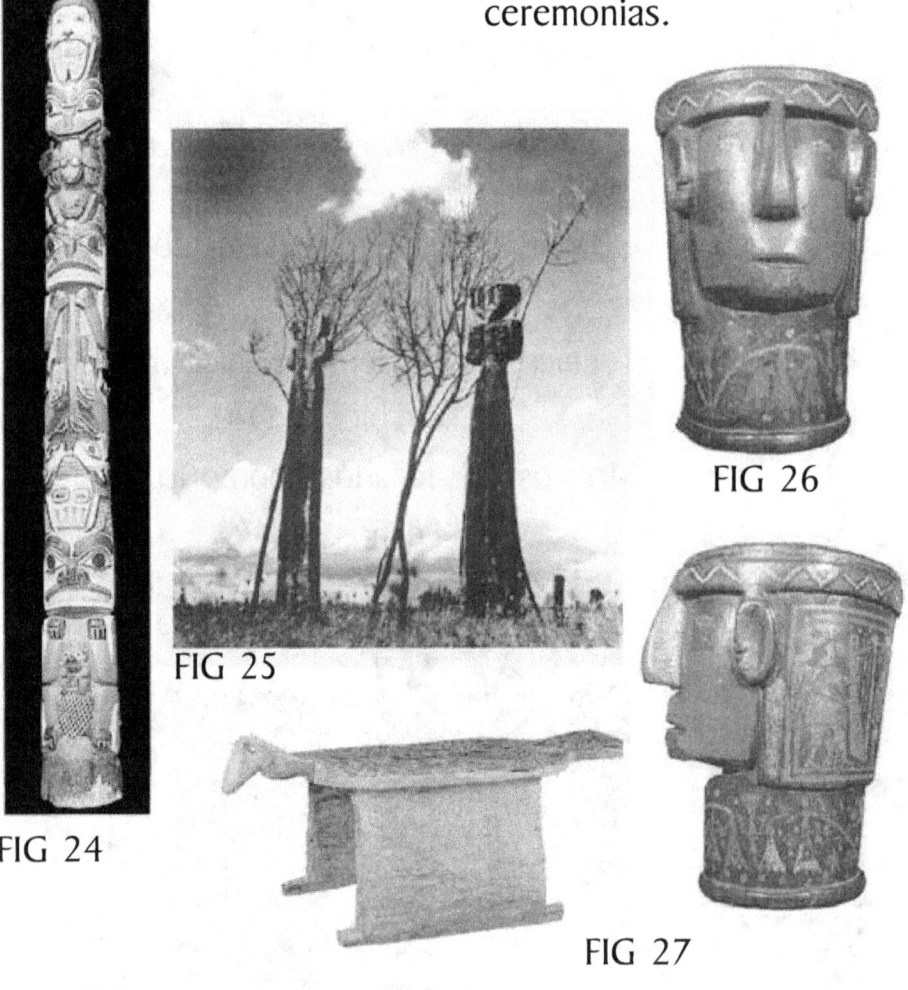

FIG 24

FIG 25

FIG 26

FIG 27

Cesteria: Cestos   Cobertura total
                               Cobertura parcial
                               Cobertura restringida

                 Técnica   Excelente manufactura.
                               (contienen agua 1500
                               Años después)
                               Entrecruzada, arrollada.
                               Moldes para cerámica.

                 Decoración   Colores. Lanas verdes,
                               roja, marrón, natural,
                               beige,
                               Rojo, blanco, azul.

                 Representación   Felinos,
                               sacerdotes, máscaras.
                               Diseños geométricos,
                               rombos, trapecios.

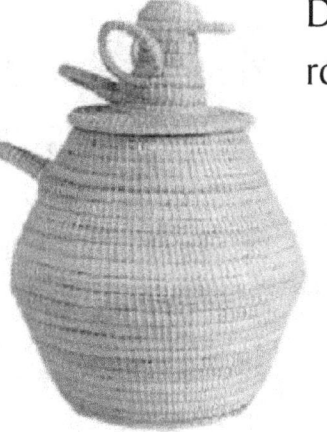

FIG 29

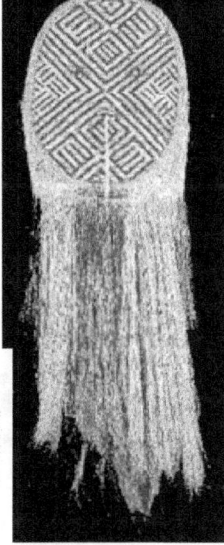

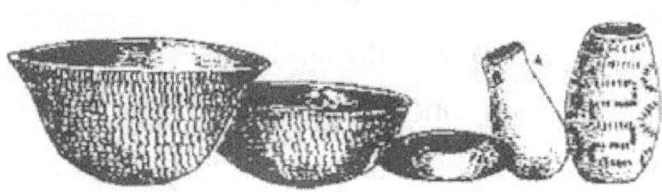

FIG 30   FIG 28

Arquitectura: Asentamientos:

- Centros Ceremoniales.
Areas de actividades
rituales. En forma de U.
Con apertura al O.
Estructuras piramidales.
- Areas de concurrencia
y reunión : Plazas con
Montículos, rampas de
acceso a plataformas.
- Areas Residenciales:
núcleos estructurales de
Asentamientos.
Viviendas: Zonas altas:
Elite
Zonas bajas: Pueblo
Plantas rectangulares,
cuadradas, trapezoidales,
circulares, con subdivisiones
interiores, patios, sitios
de molienda.
Paredes de piedra, barro.
Muros dobles. Techadas
o no. Hay jambas
monolíticas.
- Espacios libres entre
viviendas.

Caracteres

Estilísticos

Dominio de línea recta, volúmen, solidez, robustez, pesadez. Anchos muros y espacios macizos. Carácter escenográfico. Plazas: albergaban miles de personas. Armonía con el espacio natural. Aprovechamiento de Recursos naturales, relieve, agua, desniveles. Integración al paisaje: rocas, cerros, orientación espacial según el sol, cavernas, etc.

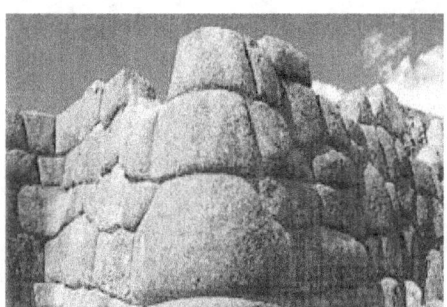

FIG 31

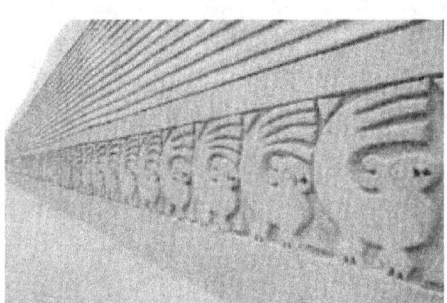

FIG 32

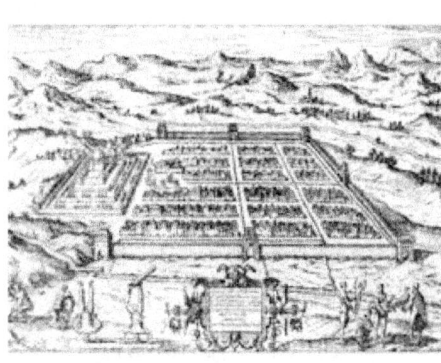

FIG 33

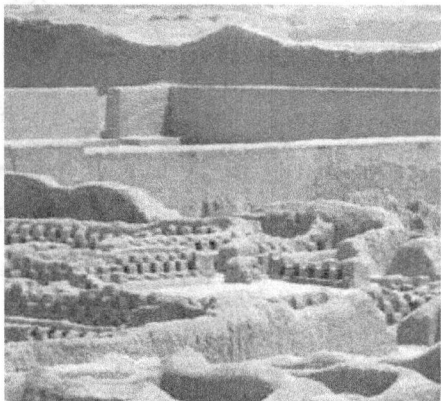

FIG 34

Textiles: Uso Para vestimenta: identificación étnica.(cada estamento Social tiene una vestimenta propia, así como cada Celebración o fiesta.)
Funerarios: fardos para enterratorios.
Quipus y tocapus: Sistemas de escritura

Diseños Geométricos: plantas, astros, guardas.
Figurativos: Antropomorfos (hombre, mujer, parejas, Danzas)
Zoomorfos: mamíferos: camélidos Aves, batracios, peces, reptiles.
Fitomorfos: flores, hojas, árboles.

Diseño: Función a)Simbólico: trascienden lo real-aparente
b)Didácticos: transmisión cultural-escritura o idioma.
c)Decorativos: Estéticas
d)Funcional: Resalta la función del objeto.

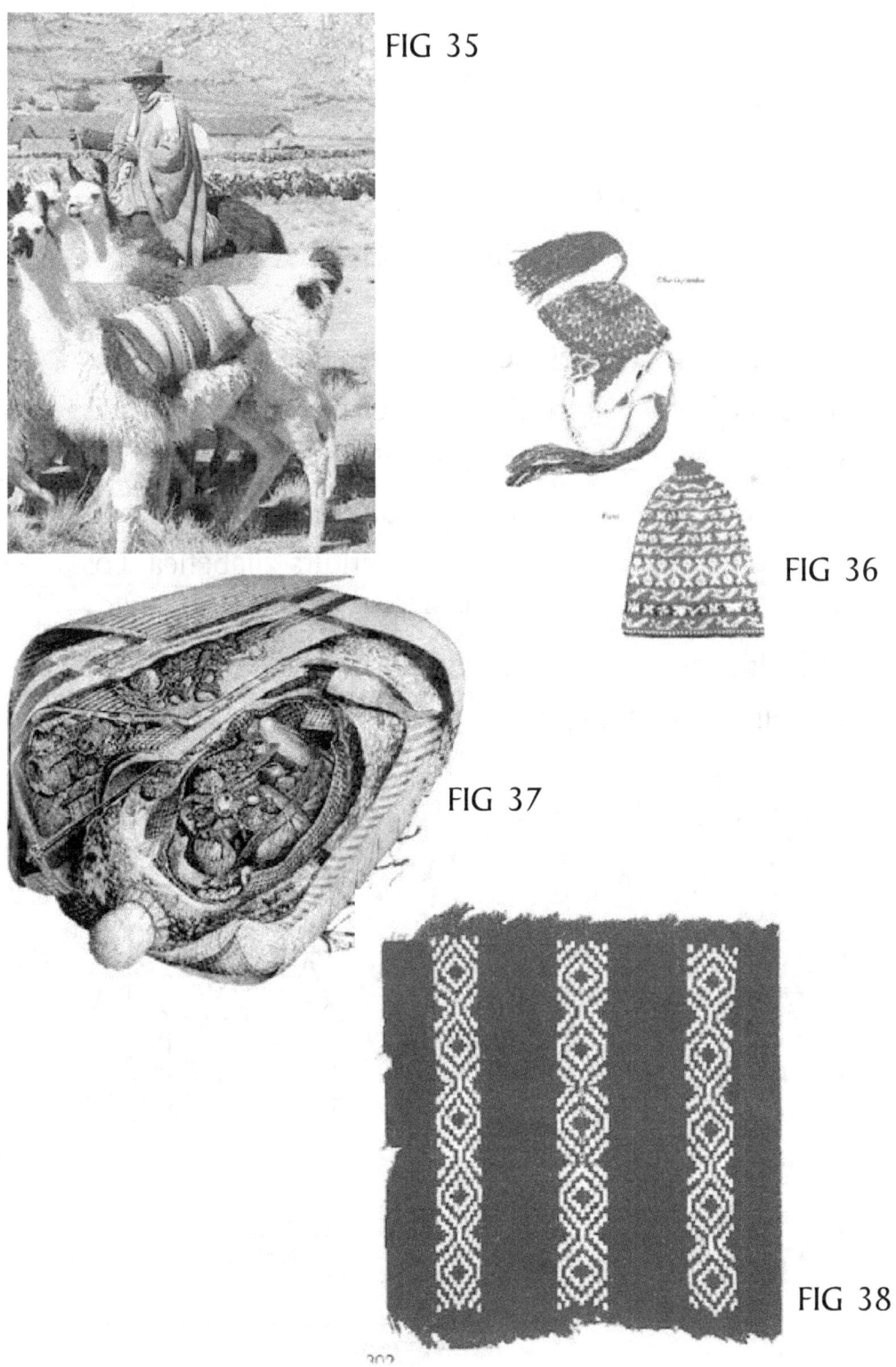

FIG 35

FIG 36

FIG 37

FIG 38

Las telas como sistema de comunicacion

Las artes textiles fueron una de las más importantes formas artísticas desarrolladas en los Andes durante más de 5000 años. Las telas se convirtieron en el medio por excelencia con el cual comunicar un mensaje en culturas como la inca en la que faltaba la escritura alfabética. Los antropólogos han estudiado la telas tanto para diferenciar símbolos de parentesco, etnicidad, rango, estatus económico, alianzas políticas, ideología y cosmología.

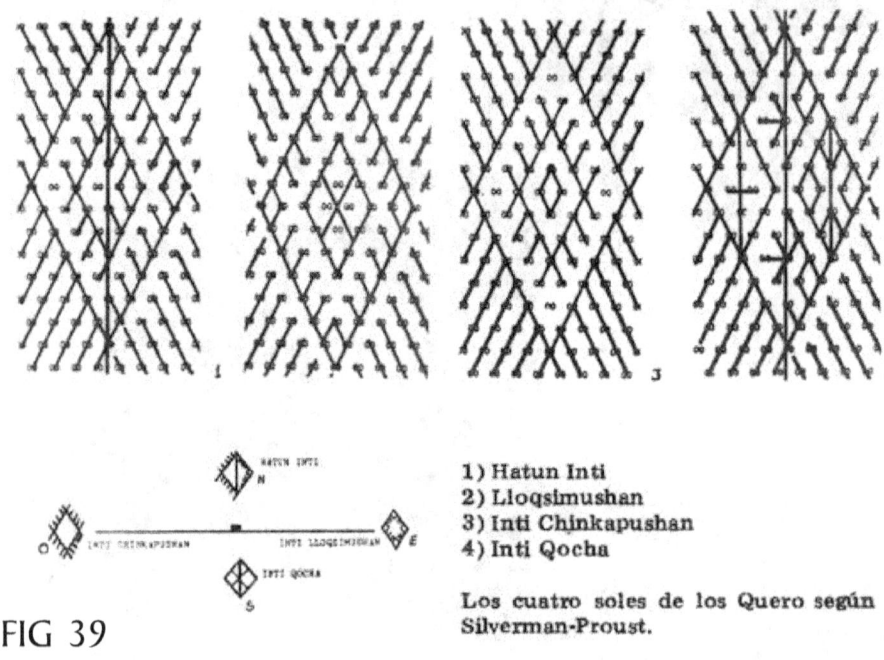

1) Hatun Inti
2) Lloqsimushan
3) Inti Chinkapushan
4) Inti Qocha

Los cuatro soles de los Quero según Silverman-Proust.

FIG 39

Los primeros estudios ciertamente se centraron en lo tecnológico e iconográfico; pero con el avance de las investigaciones se las ha considerado importantes fuentes de comunicación y registro simbólico de conocimientos científicos y cosmológicos, a modo de ideogramas. Son símbolo de identidad étnica con códigos comprensibles sólo por receptores de la comunidad para los cuales fueron tejidos.

Es sabido que alguna comunidades como los Q'eros, registran sus bienes a través de franjas multicolores llamadas lista. Así como también que el quipu inca se usó de diferentes colores para indicar variados productos almacenados en su tampu y para su contabilidad general.

Así a través de los colores y del grosor de los hilos y franjas se pueden clasificar tipos de productos, registrar lagos según sus colores, los suelos y tierras, realizar estadísticas o censos, o guardar y trasmitir conocimientos de generación en generación.

PRENDAS Y PIEZAS TEXTILES

Bolsas para agricultura

Ch'uspa o walquipu:

Bolsa de uso ceremonial, para llevar coca o dinero. Se usa en fiestas y sólo por los hombres , sobre los unkus. Son tejidas para ellos por las mujeres en telares pequeños, con lana de llama u oveja.

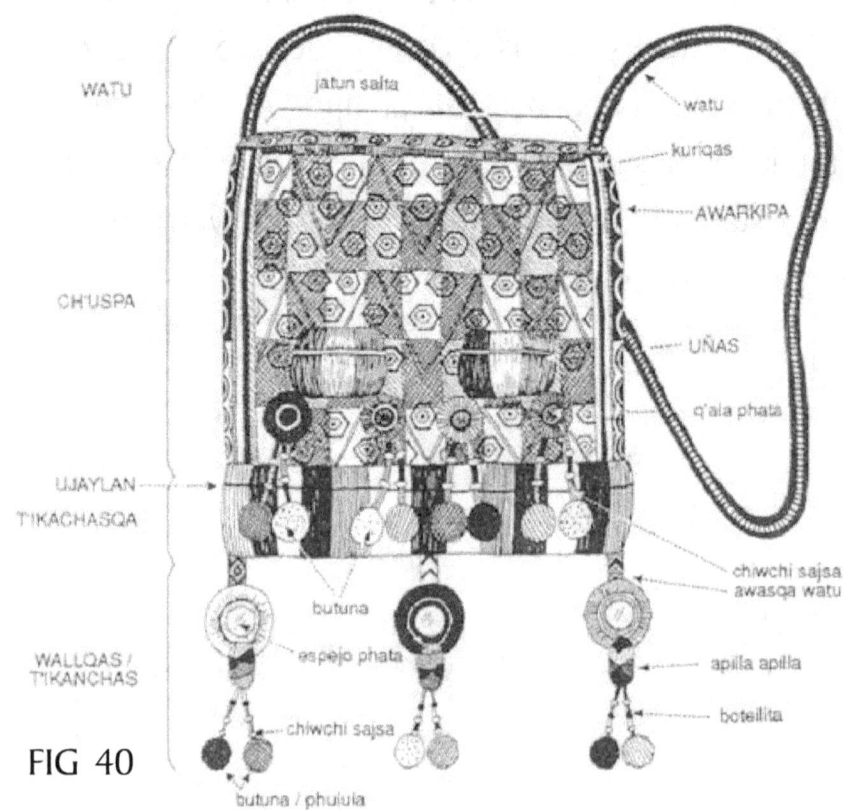

FIG 40

Elementos compositivos:

- Watu o cinta de tejido para colgar, hecha por anudado, tejido o trenzado. Ornamentado con rombos o formas geométricas.
- Ch'uspa o bolsa: tejido rectangular doblado a la mitad y cosido a los costados.
- Tukuchisqa: unión de los lados verticales y protección de bordes superiores, adornado con símbolos.
- Uñas: ch'uspitas en miniatura para monedas. Continúan el diseño o tienen uno propio.
- T'ika chasqa: doblez y fondo con refuerzo con bordado ornamental multicolor.
- Ujaylan: línea de costura evidente que atraviesa la t'ika chasqa
- Wallas o t'ikanchas: Conjunto de cintas, lazos y pompones que cuelgan. Diseños propios.

Elementos decorativos:
- Bandas de color entero de diferente grosor(0,3 a 1,5 cm)Pampa con predominio de un color entre bandas.
- Estrechas bandas de color(menos de 0,39) Elementos de contraste con la pampa que separan bandas de diseño.
- Banda de color homogéneo que atraviesa la salta o pallay horizontalmente.

- Banda amarilla que reemplaza el hilo blanco en el centro del diseño salta
- Bandas de un color de fondo con diseño continuo
- Un diseño central o tres bandas de diseño.

Los calahuayas o médicos herbolarios, utilizan el capacho o ch'uspa especialmente tejida por sus mujeres con diseños de ganchos, de significaciones cerradas en su interpretación a esta casta o grupo específico.

Talegas:

Bolsa tejida en telar de cintura, agrupada a la wayuña(bolsa pequeña) y al costal. Ligadas a la producción. Almacenamiento y transporte de alimentos agrícolas.

Diseño: franjas siempre impares, un eje central (corazón) y dos mitades simétricas(cuerpo con perfil hacia afuera).La parte superior (boca),de los lados laterales o cuerpo: de color rosa y del corazón, color café. Los colores se repiten de dos en dos, con pampas intermedias de color natural con degradé hacia el centro. El corazón o centro suele resaltarse con guardas.

A veces las franjas son asimétricas, una más ancha y otra más angosta pero idéntica.

Simbolismo: Las mujeres la interpretan como un cuerpo con un centro o corazón, sus mitades rotadas de perfil hacia fuera con simetría especular opuesta. Los hombres en cambio la identifican como la división espacial:

comuna de arriba, comuna de abajo y pueblo para el centro, como una representación territorial.

Colores: Negro, blanco, marrón, beige, gris. Oposición de luz y sombra y uso de K'uychis o arcoiris.

Costales:

La más grande de las bolsas de almacenamiento y transporte de productos alimenticios, específicamente utilizadas para los tubérculos.

Al igual que las talegas, no poseen colores llamativos, sino que están trabajadas en colores naturales, marrones, negro y blanco. El orden de los tonos puede variar, pero siempre representa el contraste de luz y oscuridad. Según interpretaciones simbólicas realizadas en el área andina, pueden aludir a un ave llamada allqamari, de color blanco y negro en su juventud, y café en su vejez. Encontrarse con el ave joven es señal de buena suerte, en cambio el ave vieja el mal augurio . La distribución de las guardas en los costales hace referencia a estos simbolismos, estando siempre presente la dualidad de opuestos complementarios.

Son tejidos por las mujeres en telar de piso, con lana de llama.

Wayuña:

Bolsa pequeña para transportar quinoa y semillas para la siembra. Se las lleva colgadas en el cuello cayendo

60

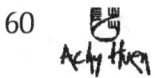

hacia adelante, para poder recoger las semillas y distribuirlas en los hoyos abiertos por el arado.

Su decoración mantiene las mismas características de los costales, a modo de franjas con contraste de tonos, así como su modo de confección. Son utilizadas por las mujeres.

Prendas de vestir

Axus:

Constituyen universos visuales de gran belleza e imaginación, basados en estructuras de pensamiento colectivo que da nacimiento a imágenes únicas, siguiendo convenciones y códigos básicos de su grupo.

Antes del siglo XVIII eran grandes y cubrían casi todo el cuerpo, sostenidos sobre un hombro. Posteriormente se achica y se lo lleva sobre la pollera de la almilla o vestido, hacia atrás o hacia un costado. Su función es la de marcar identidad étnica en cada comunidad, con diseños y códigos de color propios.

Su estructura decorativa se distribuye en:

Pampa: parte lisa , sin decoración, que separa las bandas decorativas. Representa las parcelas de terreno no cultivadas.

Pallay: Bandas decoradas con degradaciones de color y pequeños motivos o diseños. En general se organizan en tres bandas simétricas, a modo de espejo. Los motivos están distribuidos de modo ordenado y fragmentado, enmarcados por líneas o rectángulos que representan las parcelas cultivadas.

Características ornamentales:

- Texturas: El uso de dos tipos de fibras diferentes (algodón y lana)produce un contraste de texturas, a modo de un pequeño relieve, entre el fondo y los motivos del palay.

- Color: contraste de color entre el fondo blanco o natural(algodón) y los colores luminosos de los diseños- los motivos son acompañados por un degradé o K'uychi, que imita al arcoirirs, diluyendo las figuras y realzando los colores.

- Motivos: a) Estilizados o abstractos: zig-zag.

Rombos

b) Icónicos: Representación de seres o cosas:

Zoomorfos: Caballos, gallinas, perdices, pumas, llamas. ,toros.
Antropomorfos: fisonomías propias con sus objetos y atuendos
Escenas: Rituales: juegos, danzas, carnavales, etc

- Composición: Organización rítmica, con o sin segmentación, por bandas.

Estructura interna de las bandas por
agrupaciones recurrentes regulares
Precisión y sencillez en las formas.
Definición de contornos.

- Espacio: Un rectángulo espacio soporte
conteniendo otro espacio imaginario o
pallay. Cada pallay a su vez, contiene otros
espacios o parcelas con motivos.

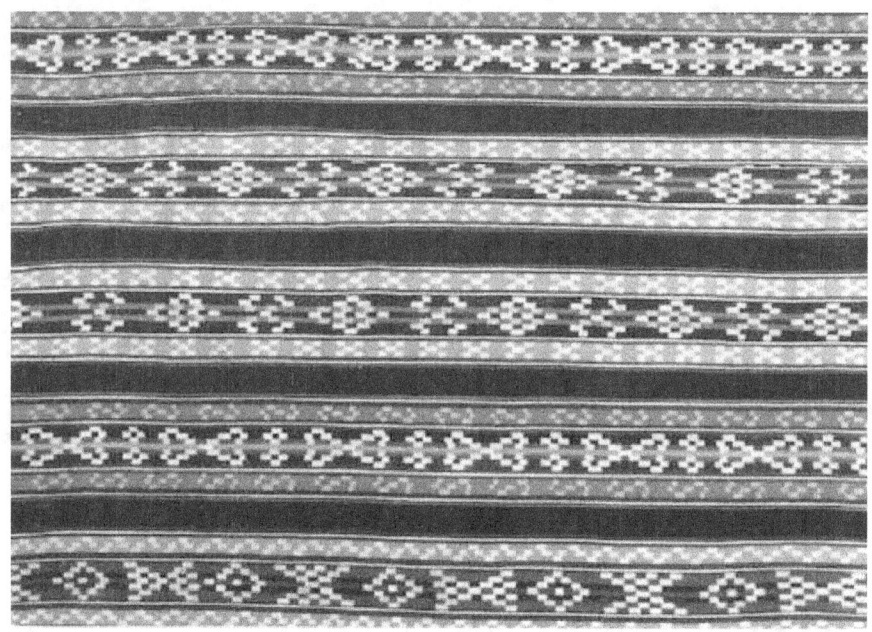

FIG 41

Citamos como ejemplos dos comunidades, los
Tarabuco y los Jalq'as que habitan el altiplano boliviano
para comparar los diseños de sus axus y establecer
categorías de identidad diferentes:

TARBUCO	JALQ'AS
Segmentado, discontinuo	Fluido, continuo
Contornos claros y lineales	Contornos quebrados confusos
Orden, simetría	desorden, caos
Luminoso, claro, con luz solar	Oscuro, sin luz, no solar
Percepción clara	Percepción confusa
Naturaleza organizada	Sin naturaleza vegetal
Animales conocidos	Animales desconocidos
Seres humanos en acción	Seres humanos estáticos
Con definiciones	Sin definiciones
Objetos culturales	Ausencia de objetos
(Pukarás, cántaros, etc)	(nada hecho por el hombre)

La vestimenta o prendas textiles pueden ser leídas como textos que hablan de determinados pensamientos o visiones particulares del mundo. Así los axus son trozos de clasificaciones del mundo seleccionados por cada grupo o comunidad para generarse su identidad, darse un ser social, definirse como distintos de otros.

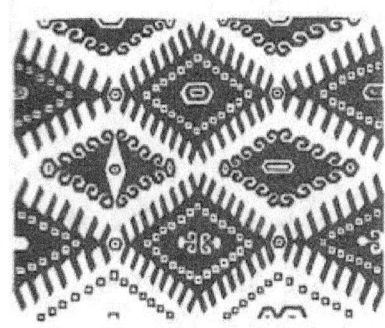 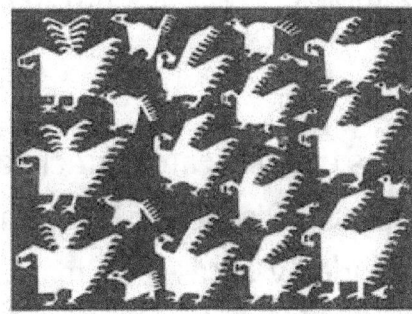

FIG 42

Llijlla o awayos:

Elaboradas con pampa away: telar de piso. Tejido de urdimbre vista.

Es usada por hombres, mujeres y en actividades diversas. El diseño acompaña cada actividad o uso.

Su estructura está compuesta de dos partes o mitades unidas por una costura o siray. Estas partes pueden ser iguales o diferentes. La costura es cubierta por diseños bordados en zig zag, triángulos, bordado duro y lineal, mariposas, árboles, etc. Pueden ser de colores contrastantes u homogéneos, en secuencias de positivos y negativos o repeticiones continuas.

Las partes o bandas se distribuyen según sean: De color homogéneo, sin motivos, amplios, a ambos lados de la franja central. O franjas de diseños con colores que se organizan a un lado u otro de la banda central.

Las bandas decoradas corresponden a prendas de vestir, con diseños propios de cada región o rol social. Intercalan generalmente con bandas negras o de color natural. En las llijllas para usos agrícola, no hay diseños, solo franjas de tonos diferentes, con algunas gradaciones de tonos a modo de pasaje entre banda y banda.

Gasas:

Tejidos transparentes, prácticamente desaparecido en el Altiplano. Diseños estructurales en telas dobles, triples, brocados y gasas, con más contraste de texturas que de color. El color se presenta siempre en paletas armónicas en tonos naturales con bajo contraste; los diseños se perciben gracias a las diferencias texturales producidas por entrecruzamiento de hilos, o diferencias entre tejidos llanos y texturados o bordados.

Con esta técnica se pueden encontrar mallas, telas a modo de crochet, mantos calados y tejidos como blondas con ostentosas figuras mitológicas, tejidos de lana de vicuña, llama, algodón y sed vegetal.

Motivos: Aves, serpientes, felinos, antropomorfos, geometrizados, abstractos.

Patrones iconográficos:
- Alternancia simétrica por rotación de motivos y colores, que se repiten alejándose del motivo anterior.
- Armonía total decorativa. Autenticidad estilística.
- Ritmo de reiteración con cambio de color o dirección para romper la monotonía.
- Módulos conteniendo sub-módulos con rotación de colores
- Orden y enmarcamiento de registros verticales, horizontales, diagonales.
- Diseños abarcantes, comprometen la totalidad de la pieza. Orden armónico de entrelazamiento, enmarcado y diagonal.
- Principio de unidad: dos o más figuras agrupadas forman una nueva unidad

La decoración simbólica está regida por estrictos patrones iconográficos.

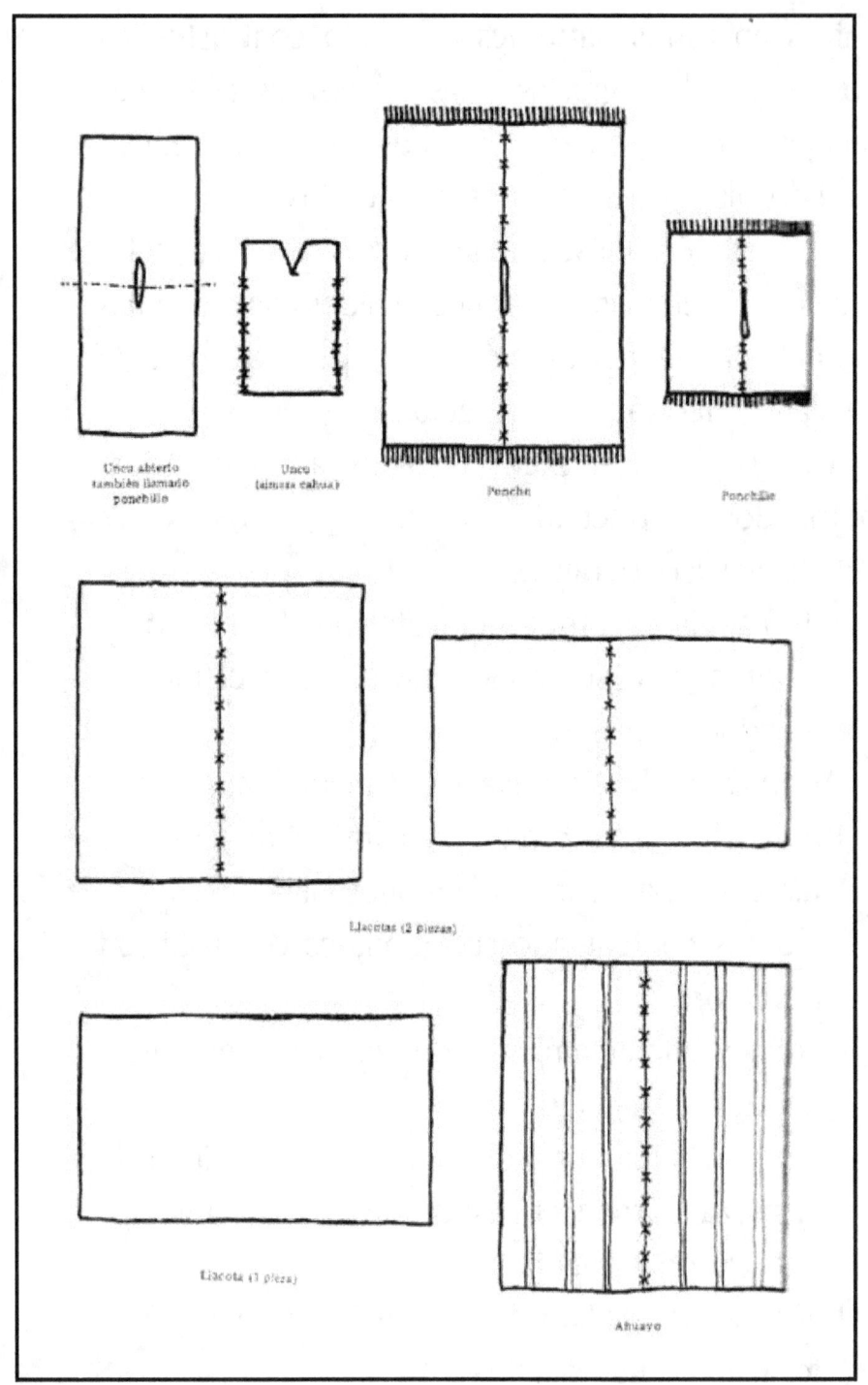

Uncu abierto
también llamado
ponchillo

Uncu
(aimara cahua)

Poncho

Ponchillo

Llacotas (2 piezas)

Llacota (1 pieza)

Ahuayo

FIG 43

LAS PARTES DEL PONCHO

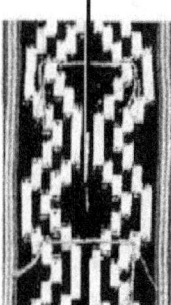

llanca (refuerzo)

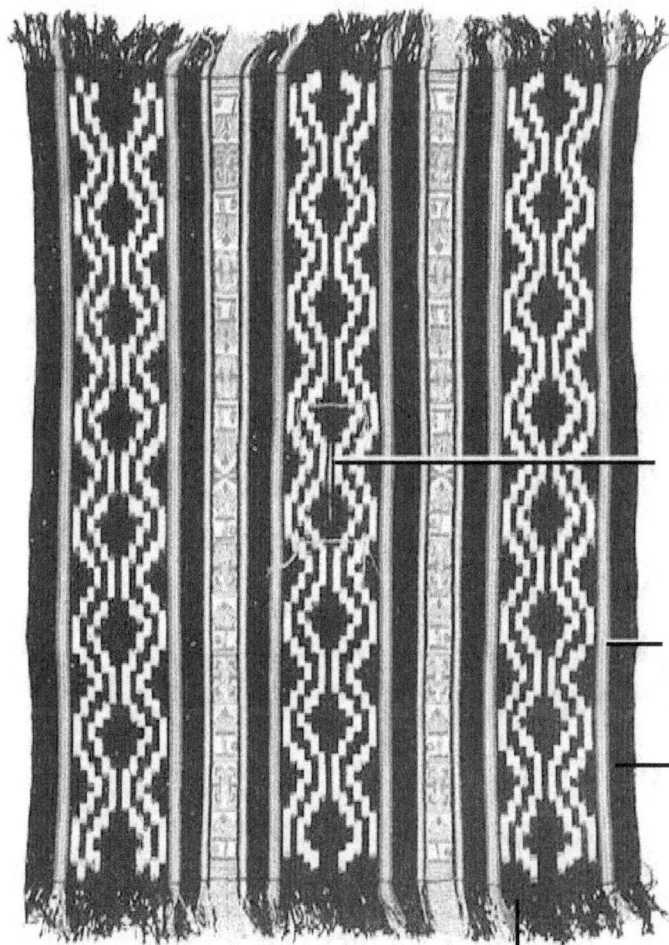

La abertura por donde se introduce la cabeza se denomina boca.

Las listas son las columnas de diversos colores.

Se denomina campo o pampa al color de fondo de un poncho; sobre él irán colocadas las listas.

Las guardas o columnas de representación son sectores de urdimbre suplementaria o complementaria destinadas a las tareas de labor con que se ornamenta la prenda.

FIG 44

Se denomina lista atada o guarda atada a las columnas de ikat, siempre que estén separadas por sectores de campo o por listas de colores cuando la guarda atada cubre todo el poncho se los suele llamar "tapados de guarda atada" o "tapados de cruces".

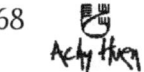

CERAMICA:

Materiales Arcilla (sílice, alúmina y agua)
Antiplásticos:partículas que se agregan para evitar resquebrajamientos y endurecer la pasta (arena, mica, tiesto molido, fibras, etc)
Engobe: capa delgada de arcilla que recubre la pieza.

Técnica Preparación de pasta:
Separación de impurezas

Modelado: Sobre cestas o frutos
Agregado de rodetes
Agregado de pasta o pastillaje
Ahuecamiento de bola de barro y moldeado.

Acabado: Alisado: tosco o pulido
Engobe: arcilla diluida de colores diferentes antes de la cocción.
Bruñido: Con piedra dura y lisa.
Agregado de resina.

Decoración Incisa: Grabados sobre pasta blanda
Esgrafiados después de cocción o endurecimiento
Con piolines o dedos

Con sellos y rodillos estampadores

Pintada: Directamente sobre vaso pulido
o alisado o superficie engobada
Colorantes minerales: rojo,
blanco, negro
Negativa: vaso de color y figura
natural (se hacen
con cera- estilo horizonte)

Modelada: Agregado de motivos en relieve.

Cocción En fogones a ras de tierra o en hoyos
poco profundos. Aveces
se manchan por falta de oxígeno.

Clases Fina: Sin o con muy poco antiplástico.
Burda: Con bastante antiplástico.

Formas Vasijas: Con cuerpos: Globulares,
ovoides, hiperboloides, cilíndricos,
troncocónicos, lenticulares; y cuellos
cilíndricos, troncocónico normal, invertido
y globular, abierto hacia afuera y curvado,
plegado hacia adentro.
Bordes: unión de superficie externa e
interna (boca): festoneado, aserrado,
almendrado, redondo, plano, en bisel.

Base: Convexa o cóncava, a veces con impresión de cestas o esteras.
Asas: Manijas en forma de arcos, lengüeta, protuberancia.
Pie: Patas, copones invertidos, esferas, conos , aros.

Tipos de decoración 1) Motivo único repetido en campos visuales opuestos
2) Motivos en orden sucesivo, lectura rotativa, ritmos.
3) Bandas o guardas horizontales con o sin lectura rotativa

Motivos Antropomorfos: Representación de seres jerárquicos o Sagrados.
Antropo-zoomorfos: humanos con partes animales
Zoomorfos: felinos, ornitomorfos, batracios, ofidios, camélidos, mamíferos.
Geométricos: Guardas, rombos, triángulos, escalonados,

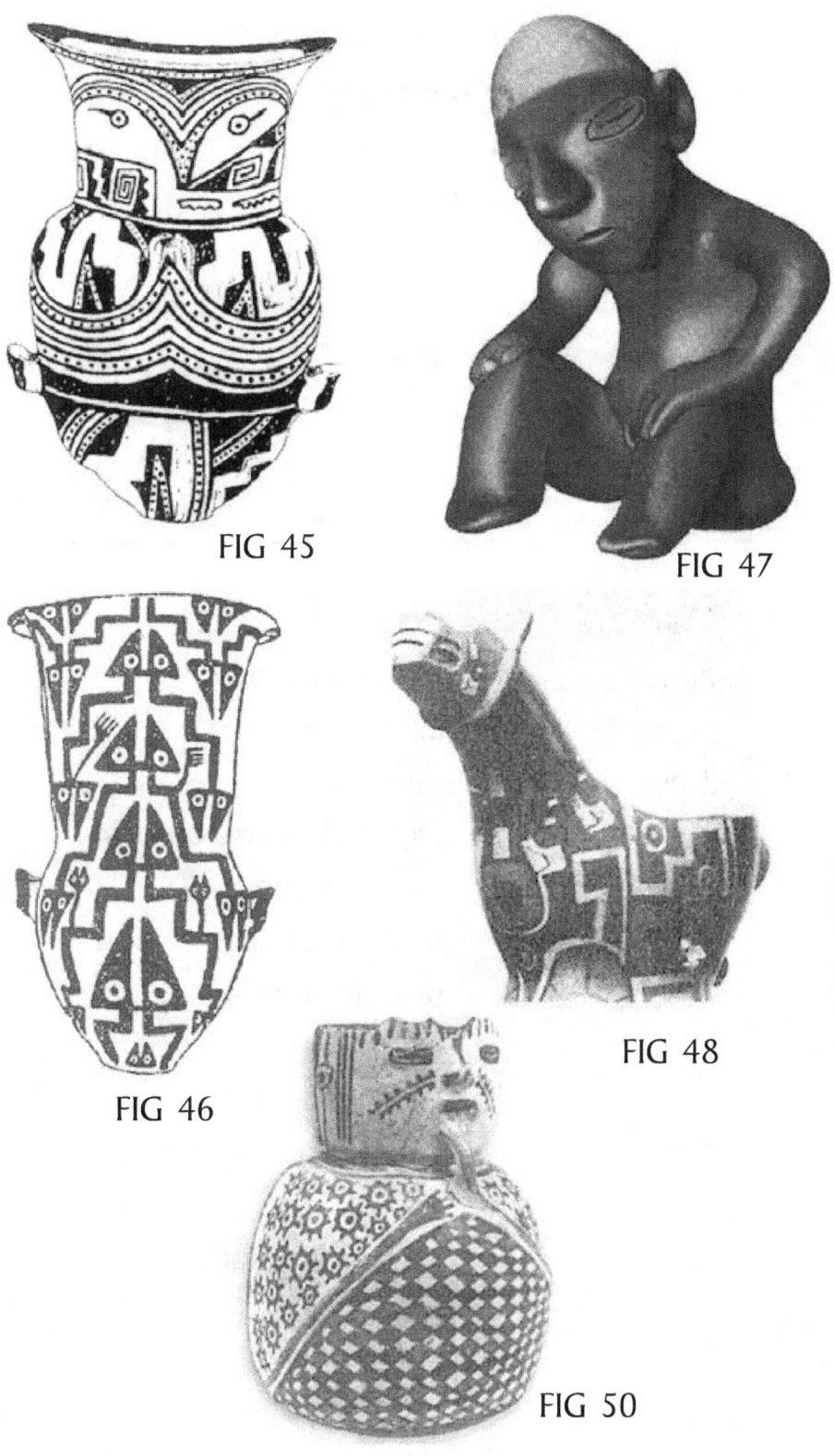

FIG 45

FIG 47

FIG 46

FIG 48

FIG 50

Círculos, cruces. Síntesis de formas como Símbolo.

Usos Funerarios, rituales, cotidiano, ofrendas

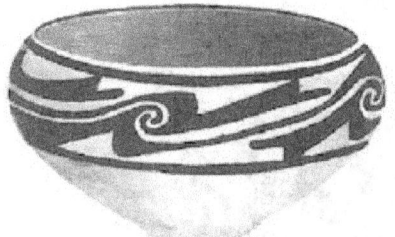

FIG 49

Pipas:	Materiales	Cerámica, esteatita.
	Partes	Hornillos, tubo de inhalación
	Tipos	Modeladas Decoradas con grabados. Líneas, puntos. Incrustaciones de piedras de color.
	Diseños	Abstractos Figurativos: felinos, antropomorfos, escenas oníricas.
	Usos	Litúrgicos, secular, cotidiano

Ritual: El Shamán lanza
bocanadas a los 4 puntos
cardinales

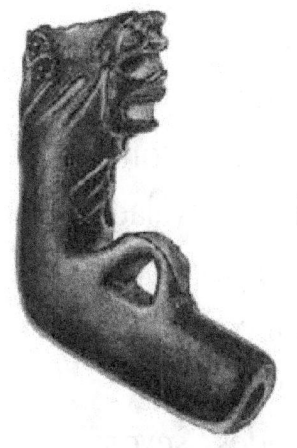
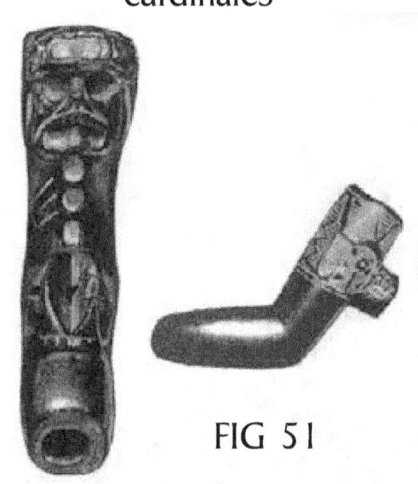

FIG 51

Figuras
Antropomorfas:

Materiales   piedra, madera.
Tipos macizas, huecas
          Desnudas,
          vestidas con
          grandes uncus
          erguidas,
          sentadas, en
          cuclillas.
          Ausencia de
          rasgos sexuales
Características: ojos en relieve
          con pastillaje,
          ovales y oblicuos.
          Ojos y cejas unidas

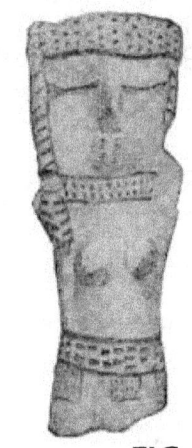

FIG 52

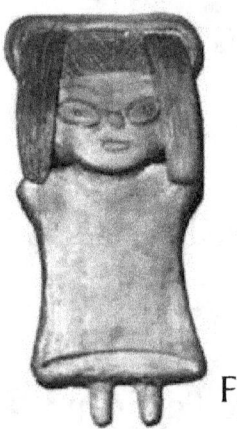

FIG 53

Boca, trazo o
relieve, con dientes
Brazos
modelados en
muñón.
Sin pies, con pies
Planas, ovaladas
Con peinados
como símbolo
Personas de
edades, sexos,
status social,
diferentes.

Usos   Para curaciones
shamánicas.

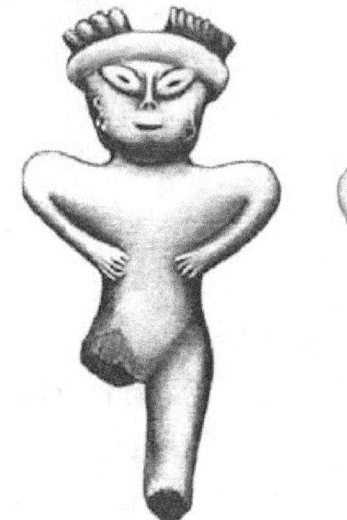
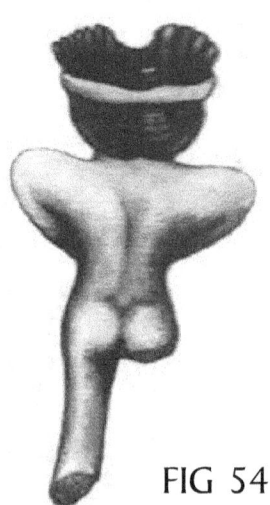

FIG 54

75

Musica

Región Noroeste : Salta , Jujuy, Tucumán, Catamarca y La Rioja

Influencia Tihuanacu – Incaica- Diaguita

Estilos musicales: Bagualas, tonadas y vidalas. Yaraví

Danzas: Bailecito, huayno, carnavalito

Instrumentos: Pututus, Quena, Erkencho, Erke, Siku, Pinkullo, Anata, Caja, Charango, campanas, sonajeros de uñas.

Región de Cuyo: Mendoza, San Juan, y San Luis

Influencia: Araucana – Huarpe

Estilos musicales: Vidala – Tonadas

Región Central: Córdoba, Santiago del Estero y Oeste de Santa Fe

Especie musical: Pala Pala

Instrumentos. Sonajeros de Uñas

Región Litoral: Misiones, Corrientes,, Entre Ríos y este de Santa Fe

Influencia Amazónica – Guaraní

Estilos musicales: chamamé,
chamarrita

Instrumentos: Bastón de ritmo,
sonajeros, tambor,
palo zumbador

Región Pampeana: La Pampa hasta el
Río Colorado

Estilos musicales: Vidalita, cifra

Instrumentos: Timbal araucano,

Región Patagónica: Santa Cruz, Río
Negro, Neuquén,
Chubut

Influencia   Mapuche – Araucana-
Tehuelche
Ruedas circulares o Akun

Instrumentos: Kultrum, Trutruca,
Pifilca, timbal, arco musical.

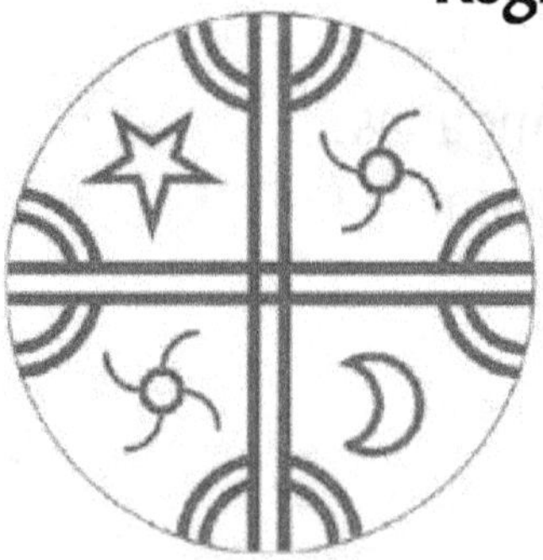

FIG 55

Región del Chaco: Formosa, NE de Salta , Chaco

Influencia   Guaraní y Guaycurúes:
Pilagá, Toba, Mocoví,
Wichi

Instrumentos: Tambor de Agua, Lave,
Palo Sonajero, Arco
Musical, silvatos

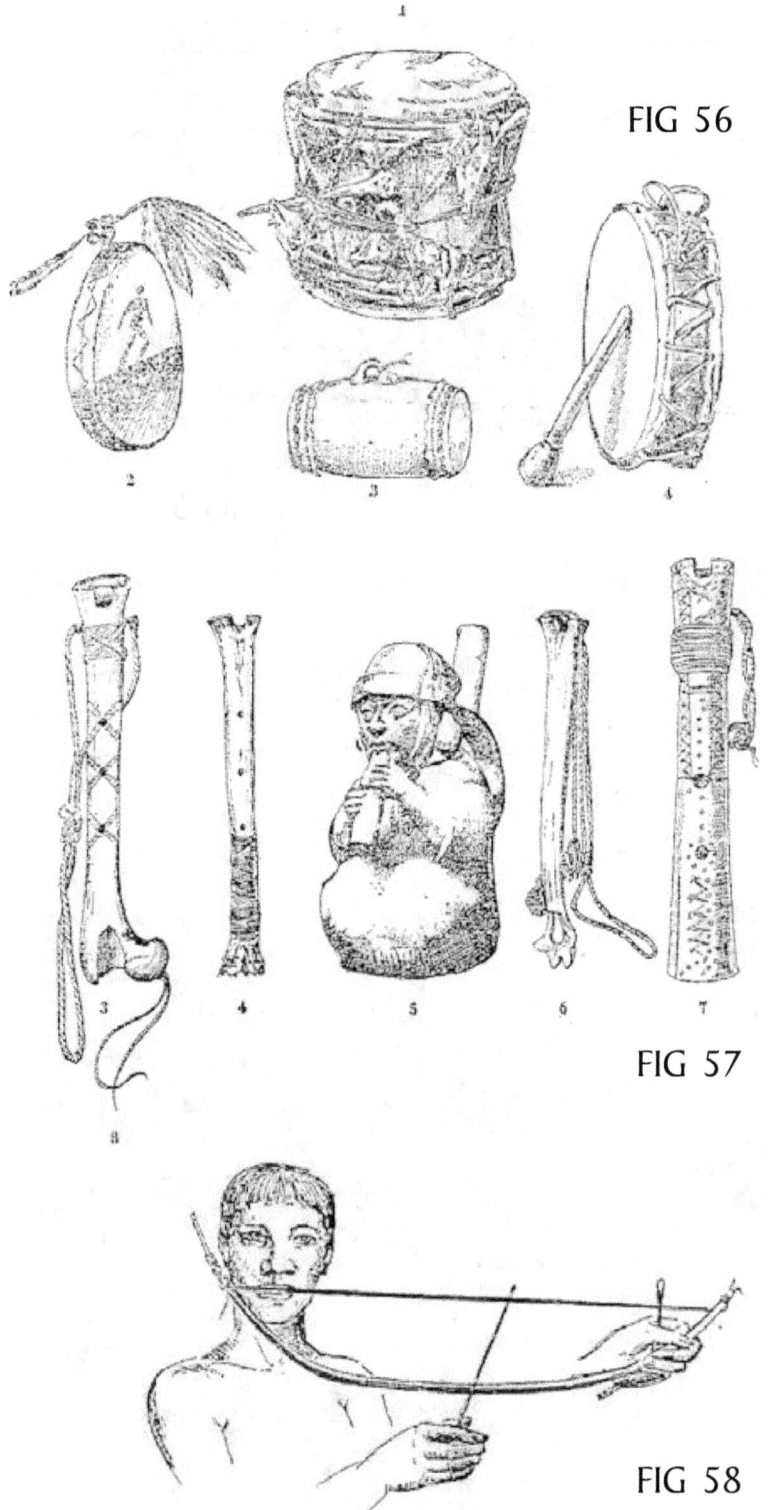

FIG 56

FIG 57

FIG 58

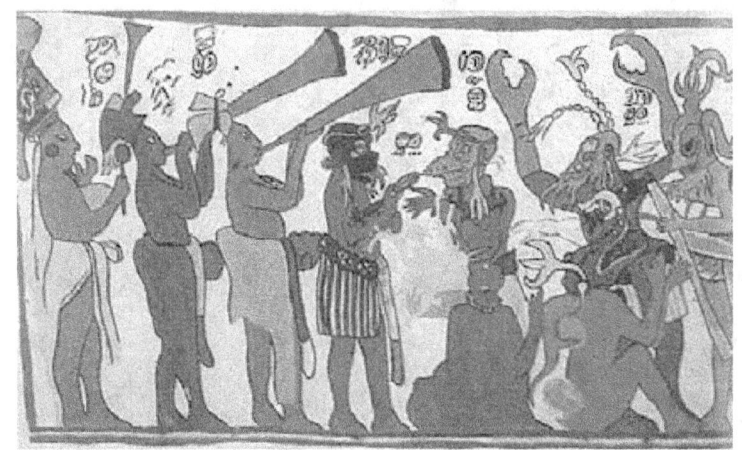

FIG 59

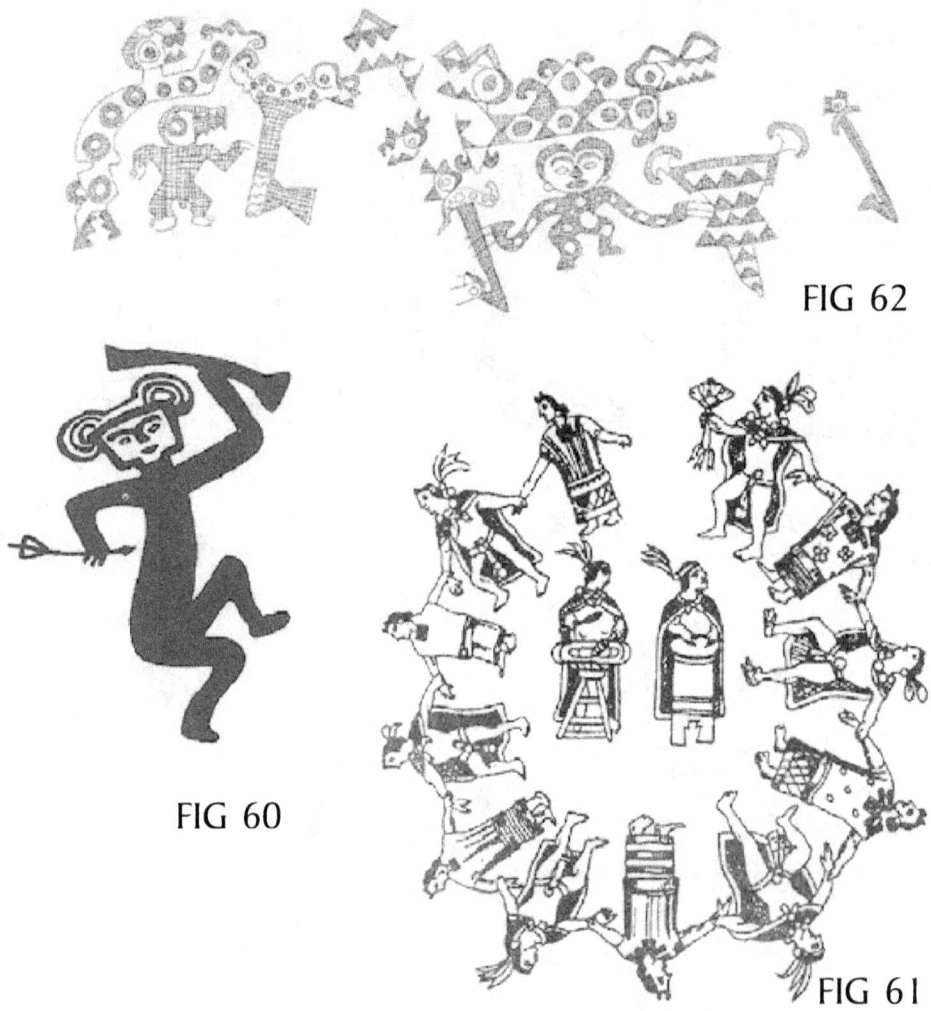

FIG 62

FIG 60

FIG 61

BIBLIOGRAFIA

LEON PORTILLA, Miguel – *Los Antiguos Mexicanos* – Ed. Fondo de Cultura Económica - México.

BONNIN, Mirta - *Bandas, Tribus y Señoríos. Formas de vida y diversidad cultural* - Museo de Antropología del la UNC.

ALBO, Xavier - *Raíces de América: El Mundo Aymara*

PICCOLO, Adrián - *Aborígenes de la Argentina* – Ed. Betina

SERRANO, Antonio – *Los Aborígenes Argentinos* .

GONZALEZ, Alberto Rex – *Aborígenes de la Argentina*

BERBERIAN, E. – RAFFINO, R. – *Culturas Indígenas de los Andes Meridionales* – Ed. Alhambra.

ETCHEGIMBERRY, Delia – *Presencias del Pasado* – 1999

MAGRASSI, Guillermo – *Los Aborígenes de la Argentina* – Ed. Búsqueda

ALCINA FRANCH, José – *Culturas Precolombinas de América*

BALLE, Erica – *Parque Arqueológico y natural del Cerro Colorado* – 1987

BRUGHETTI, ROMUALDO – Tiwanaku: etapas de su arte - *Publicación Museo Nacional de Bellas Artes*- 2001

PEREZ, José Antonio – *Arte Rupestre del Cerro Colorado*

PEDERSEN, Absjorn – *Las Pinturas Rupestres de la Sierras de Córdoba y sus normas convencionales de Representación.* 1959

RICCI, Clemente –*Las Pictografías de las Grutas Cordobesas y su interpretación astronómico religiosa .* 1930

SERRANO, Antonio – *Los Comechingones .* 1945

LUGONES, Leopoldo – *Las Grutas Pintadas del Cerro Colorado* – 1903

GONZALEZ, Alberto Rex – *La estratigrafía de la Gruta Intihuasi .* 1962

GOMEZ MOLINA, Eduardo – *El cerro Colorado: testimonio Aborigen de la Conquista de América .*

HOYOS, María de – *Las Piedras Escritas de San Antonio del Cajón* – Catamarca

Achy Hien

Rev. Proyecciones 1973- *Siete mil años de Historia en Córdoba*

ASCHERO, Carlos – *Pinturas Rupestres, Actividades y Recursos Naturales: un encuadre arqueológico.*

UNIVERSIDAD NACIONAL DE COMAGÜE – *Profundización de los aspectos estéticos de Petroglifos y Pictografías de la Provincia de Neuquen I y II – 1996*

VIDAL DE MILLA, Elba – *El Arte Textil. Simbolismo de los motivos decorativos.*

GISBERT, Teresa – *Textiles del Altiplano*

SILVERMAN, Gail –*El Tejido Andino. Un Libro de Sabiduría*

INSTITUTO NACIONAL DE ANTROPOLOGIA – *1000 Años de Tejido en la Argentina*

ASUR: Antropólogos del Surandino – *El Arte Textil d los J'alkas y de los Tarabucos*

CERECEDA, Verónica – *A partir de los colores de un pájaro*

CORCUERA, RUTH – *Arte Prehispánico: creación y persistencia en el Arte Textil-Publicación Museo Nacional de Bellas Artes- 2001*

LOPEZ CAMPENI, Sara M. L. – *La trama del Desierto: Textiles Tempranos de Antofagasta de las Sierras.*

GONZALEZ, Alberto Rex – *Primeras Culturas Argentinas*

GONZALEZ, Alberto Rex – *Arte Precolombino de la Argentina*

SERRANO, Antonio – *Manual de la Cerámica Indígena*

POZZI SCOT, Denise - *Viejas formas, Nuevos estilos. La tradición del barro.*

PEREZ GOLLAN, JOSE ANTONIO – Los Suplicantes, una cartografía social. *Publicación Museo Nacional de Bellas Artes- 2001*

ROSSI, Juan José – *Diseños Nativos de la Argentina*

KRINER, Dora - *Danzas Precolombinas de América del Sur*

VEGA, Carlos - *Los Instrumentos Musicales : aborígenes y criollos.*

LENKERSDORF, CARLOS – Relaciones interculturales entre los Mayas Tojolabares – Interculturalidad, Creación de un concepto y desarrollo de una actitud – Compilación María Heise – Programa FORTE-PE – Perú 2001

Índice de ilustraciones

Nativos de la Argentina - Juan José Rossi - Ed. Galena y Búsqueda de Ayllú - Bs As 2000

FIG 9- Cueva de las manos. Cuenca del río Pinturas. Santa Cruz . Fuente: Diseños Nativos de la Argentina - Juan José Rossi - Ed. Galerna y Búsqueda de Ayllú - Bs As 2000

FIG 10-Antofagasta de la Sierra. Según María Podestá . Fuente: Diseños Nativos de la Argentina - Juan José Rossi - Ed. Galerna y Búsqueda de Ayllú - Bs As 2000

FIG 11-Pictografía de la Cueva de la Salamanca según A. Rosso, tomado de Gudemos 1992. Fuente:Arte Precolombino - Cultura de la Aguada Arqueología y diseños. Alberto Rex González -Filmediciones Valero Bs As 1998

FIG12-Tecnología de la orfebrería prehispánica. Fuente: El Oro Precolombino. Embajada de Colombia. Bs As 1994

FIG 13-Hacha de bronce - La Aguada-Ambato - Museo de La Plata 3313- Fuente: Los Sueños del Jaguar- Museo Chileno de Arte Precolombino- Santiago de Chile - 1994

FIG 14-Gobernante muisca, vestido de oro, ofrenda a la Laguna Guatavita. Colombia. Fuente: Atlas Culturales del mundo . América Antigua Vol II- Ed Folio -

FIG 15- Prenteor/prendedor de tres cadenas. Platería mapuche. Fuente: Arte Mapuche   de Chile. Museo de Arte Popular Americano Tomás lago. Santiago – Chile 1999

FIG 16-Vaso de esteatita con felino-La Aguada - NOA, Fuente: Los Sueños del Jaguar- Museo Chileno de Arte Precolombino- Santiago de Chile - 1994

FIG 17-Suplicante- Cultura Alamito- NOA -Fuente: Los Sueños del Jaguar- Museo Chileno de Arte Precolombino- Santiago de Chile - 1994

FIG 18-Intihuatana-Reloj solar. Machu Pichu. Fuente: Los Incas - José Alsina Franch, Josefina Palop Martinez- Biblioteca Iberoamericana- Madrid 1998

FIG 19-Monolito Ponce - Tihuanacu- Bolivia- Fuente Arte textil y Mundo andino - Teresa Gisbert - Ed TEA - Bs As. 1992

FIG 20- Tortuga tallada en hueso. Sierras centrales. Museo de antropología de la UNC

FIG 21- Figura antropomorfa sentada con tocado felínico. Belén. Catamarca. Fuente: Arte Precolombino - Cultura de la Aguada Arqueología y diseños. Alberto Rex González - Filmediciones Valero Bs As 1998

FIG 22-Tortero de hueso, peso para uso de hilar-Con grabados antropomorfo y geométrico. Fuente: Arte Precolombino - Cultura de la Aguada Arqueología y diseños. Alberto Rex González - Filmediciones Valero Bs As 1998

FIG 23-Figura tallada en hueso de un felino atacando a una figura antropomorfa Fuente: Arte Precolombino - Cultura de la Aguada Arqueología y diseños. Alberto Rex González - Filmediciones Valero Bs As 1998

FIG 24 – Tótem ritual Pole. NO de Norte América. Fuente: Atlas Culturales del mundo . América Antigua VolII- Ed Folio -

FIG 25- Chemamull- Totems dedicados a los muertos- Tallas en madera- Fuente: Arte Mapuche de Chile. Museo de Arte Popular Americano Tomás Lago. Santiago de Chile 1999

FIG 26- Vaso kero antropomorfo de madera con escenas pintadas. Los Incas - José Alsina Franch, Josefina Palop Martinez-Biblioteca Iberoamericana- Madrid 1998

FIG 27- Banco de madera con forma de ave.1980- Xingú - Brasil-Fuente: Las culturas verdes. Artre plumario de los pueblos de la selva. Colección García Uriburu. Centro Cultural Recoleta- 2006

FIG 28- WAURA: Máscara de danza ritual de madera y tejido en cestería- 1970- Fuente: Las culturas verdes. Arte plumario de los pueblos de la selva. Colección García Uriburu. Centro Cultural Recoleta- 2006

FIG 29- Cestería Pilagá - Fuente: Pitla'Lasepi. Lo'Onanasak. el trabajo de las Mujeres Pilagá - Secretaría de cultura de la Nación.

FIG 30- Cestería Charrúa. Fuente: Diseños nativos de la argentina. Juan José Rossi. Ed Galena y Búsqueda de Ayllú- Bs As 2000

FIG 31 – Muro de Saisawaman. Cuzco . Perú. Fuente : Atlas Culturales del mundo . América Antigua VolII- Ed Folio –

FIG 32- Muro de Chan Chan, capital Chimú. Costa del Perú. Fuente: Volando Chimú. Aeroperú. 1998

FIG 33- Ciudad de Cuzco, reconstrucción de Teodoro Bry. América VI. Fuente: SimbolismoPrecolombino. Federico González. Ed. Krier. Bs. As. 2003

FIG 34- Chan Chan, capital Chimú. Fuente: volando Chimú. Aeroperú 1998

FIG 35- Arriero Andino. Fuente: Los Incas. José Alsina Franch, Josefina Palop Martinez. Biblioteca Iberoamericana. Madrid 1998

FIG 36- Chulus andinos. Fuente: El Art Textil. Delia Vidal de Milla- Muniocipalidad de Cuzco. Perú. 2000

FIG 37-Fardo funerario. Tupac Amaru. Perú. Fuente. Nacional Geographic. Mayo 2002

FIG 38-Poncho mapuche. Fuente: Textiles Argentinos. Enrique Taranto, Jorge Marí. Ed El Maizal. Bs As

FIG 39-Diseños Keros. Fuente:El Arte Textil y Mundo Andino . Teresa Gisbert. Ed TEA. Bs as 1992

FIG 40- Ch'uspa . Fuente: El Art Textil. Delia Vidal de Milla- Muniocipalidad de Cuzco. Perú. 2000

FIG 41- Detalle de poncho del Alto Perú. Fuente: Textiles Argentinos. Enrique Taranto, Jorge Marí. Ed El Maizal. Bs As

FIG 42- Diseños Potolo-jalk'as. Bolivia. Fuente:El Arte Textil y Mundo Andino . Teresa Gisbert. Ed TEA. Bs as 1992

Fig 43- Tipos de Indumentaria andina. Fuente:El Arte Textil y Mundo Andino . Teresa Gisbert. Ed TEA. Bs as 1992

FIG 44- Partes del poncho. Fuente: Textiles Argentinos. Enrique Taranto, Jorge Marí. Ed El Maizal. Bs As

FIG 45- Urna Funeraria. Cultura Santa María. Catamarca. Diseños nativos de la argentina. Juan José Rossi. Ed Galena y Búsqueda de Ayllú- Bs As 2000

FIG 46- Urna Funeraria. Cultura Santa María. Catamarca. Diseños nativos de la argentina. Juan José Rossi. Ed Galena y Búsqueda de Ayllú- Bs As 2000

FIG 47- Figura antropomorfa Aguada. Fuente:Arte Precolombino - Cultura de la Aguada Arqueología y diseños. Alberto Rex González - Filmediciones Valero Bs As 1998

FIG 48- Felino Tiahuanacu de cerámica. Fuente:El Arte Textil y Mundo Andino . Teresa Gisbert. Ed TEA. Bs as 1992

FIG 49- Cerámica Altarcito y sunchituyoc. Fuente: Diseños nativos de la Argentina. Juan José Rossi. Ed Galena y Búsqueda de Ayllú- Bs As 2000

FIG 50- Figura antropomorfa Molle. Chile

FIG 51- Pipas de cerámica aguada. NOA Argentino. Fuente: Arte Precolombino - Cultura de la Aguada Arqueología y diseños. Alberto Rex González - Filmediciones Valero Bs As 1998

FIG 52- Figura antropomorfa Sierras Centrales. Fuente: Arte Rupestre de Cerro Colorado. José Antonio Pérez. Filmediciones Valero.

FIG 53- Figura antropomorfa aguada. Fuente:Arte Precolombino - Cultura de la Aguada Arqueología y diseños. Alberto Rex González - Filmediciones Valero Bs As 1998

FIG 54- Figura antropomorfa aguada. Fuente:Arte Precolombino - Cultura de la Aguada Arqueología y diseños. Alberto Rex González - Filmediciones Valero Bs As 1998

fIG 55- Kultrum mapuche . Fuente. Mapuche, gente de la Tierra. Malu Sierra. Ed Sudamericana. Santiago. Chile

FIG 56- Instrumentos de percusión: 1- tambor de dos membranas de los Taulipang, 2-3- tambores de dos membranas de los Cayapa, 4- caja de Tucumán. Fuente: Los Instrumentos musicales. Carlos vega. Ed Centurión. Bs As

FIG 57- Instrumentos de viento: 1- hueso de Yuracares. Bolivia., 2-3- hueso de ciervo y jaguar, Tauilipang, Guayanas, 4- vaso de arcilla con un quenista. Trujillo. Perú. Fuente: Los Instrumentos musicales. Carlos vega. Ed Centurión. Bs As

FIG 58-Arco musical de cuerda percutida. Panobos.Perú. Fuente: Los Instrumentos musicales. Carlos vega. Ed Centurión. Bs As

FIG 59- Pintura mural de Bonampak con músicos en ceremonia ritual.. Fuente: Los Mayas. Biblioteca Billiken.

FIG 60- Pictografía de la cueva de la Candelaria. Danzante ritual. Aguada. Catamarca. Fuente: Diseños nativos de la Argentina. Juan José Rossi. Ed Galena y Búsqueda de Ayllú- Bs As 2000

FIG 61- Códice Durán: Danzas Mayas. Fuente: El Simbolismo Precolombino. Federico González. Ed krier. Bs As 2003

FIG 62- Sacerdotes de Ambato. Aguada. Danza Ritual. Fuente: Arte Precolombino - Cultura de la Aguada Arqueología y diseños. Alberto Rex González - Filmediciones Valero Bs As 1998

FIG 63- Estatuillas antropomorfas de oro. Fuente: El oro precolombino. Embajada de Colombia. Bs As . 1994

Indice

Impreso por Editorial Brujas • septiembre de 2015 • Córdoba–Argentina